SHIDAO SANSHILIUJI
师道三十六计

——怎样做一名出色的教师

李进生 著

河南大学出版社
·郑州·

图书在版编目(CIP)数据

师道三十六计:怎样做一名出色的教师/李进生著.—郑州:河南大学出版社,2015.9(2016.12重印)
ISBN 978-7-5649-2187-3

Ⅰ.①师… Ⅱ.①李… Ⅲ.①教学研究 Ⅳ.①G420

中国版本图书馆 CIP 数据核字(2015)第 238272 号

责任编辑　聂会佳
责任校对　张亚如
封面设计　常松丽

出版发行　河南大学出版社
　　　　　地址:郑州市郑东新区商务外环中华大厦2401号
　　　　　邮编:450046
　　　　　电话:0371-86059712(高等教育出版分社)
　　　　　　　　0371-86059713(营销部)
　　　　　网址:www.hupress.com
排　　版　郑州市今日文教印制有限公司
印　　刷　辉县市伟业印务有限公司
版　　次　2015年11月第1版
印　　次　2016年12月第2次印刷
开　　本　720mm×1000mm　1/16
印　　张　10.25
字　　数　184千字
定　　价　20.00元

(本书如有印装质量问题,请与河南大学出版社营销部联系调换)

前　言

致各位同人

　　暑热犹盛,秋风已开始徐徐飘来,北方麦穗稻子开始泛黄,而南方的二季稻却刚刚开始抽穗。"流光容易把人抛,红了樱桃,绿了芭蕉。"一年一度的新学期又要开始了,教师们又提前进入了备战状态。

　　教师这个职业,让人尝遍人间百味,可谓辛酸苦辣咸样样俱全,幸福与辛苦交织着教师的人生。但我们发现,有的教师却能把如此辛苦的日子过得有滋有味,各方面的表现都是那么优秀,处理任何问题都能做到游刃有余。这里面有什么秘密? 有什么技巧吗? 答案是肯定的。

　　其实我们每个人都是优秀的,但我们还可以变得更优秀,改变自我的途径就是继续学习,我们一定要始终贯彻终身学习的理念,在学习中,不断成长。于是在学习中我尝试着撰写这本《师道三十六计——怎样做一名出色的教师》。在写作过程中,我进一步感受到自己在教育教学方面的不足,因此先将一些想法与写作思路发到网上,恳请各位读者批评指正,以促进我的提高,以便让我更进一步地完善本书。若有专家与同人觉得我的探索值得肯定、值得推广,对我而言就是极大的认可与鼓励,将激发我更大的热情,使我更加努力地致力于我的教育事业,探索更加科学的方法,力争做出更加优秀的成绩。

　　在此,提前感谢各位同人的批评指正!

我的工作经历

　　1994 年 6 月,那是一个姹紫嫣红的季节,我刚刚走出大学的校门,便幸运地来到了城区中学宜昌市第三中学,开始了我的教师职业生涯。

　　参加工作以来,我很幸运地遇到了一些良师益友。刚走上岗位时,宜昌市的语文权威专家、宜昌市三中的语文教研组长毛承芳老师,待我如自己的孩子,因此我便叫她"毛妈",她对我的教育教学悉心指导,更安排了后来成长为课改专家的郭峰老师来担任我的指导老师。郭峰老师从课堂的宏观布局到细节的处理等教学工作都对我进行耐心指导,长期以来我们建立了兄弟般的感情。而对我教育上指导更多的,则是当时的教科室主任姚永秀老师,她全方位地关心我的成长,对我的工作能力与个人素养的提高给予很大帮助,后来我一直叫她"姚阿姨"。还有我的学长兼兄弟蒋葵林,知心姐姐般的刘丽萍,给了我很好示范作用的胡兆芬老师等,都对我的成长起到了较大的促进作用。

在宜昌市三中,我工作了整整十年,由班主任成长为校长办公室主任,在即将到市教育局培训接受新的任命时,我到东莞市华南师大嘉玛学校参加了新学校的创建工作。

2004年8月4日,我到广州华南师大报到(因为嘉玛学校还处于基建中),学习了十多天后,来到了嘉玛学校,当时那里还是工地,条件十分艰苦。因我们教职工的住房还没来得及装窗子,苍蝇蚊子铺天盖地,而且没饮用水喝,以致难受得出现了便血等症状。

我们既当老师又当后勤人员,在资源极度匮乏、设施非常简陋的情况下,一边备课一边布置教室和宿舍,终于迎来了第一批学生,我们同甘共苦,在奋斗中建立了深厚的师生情谊。

两年后我担任了中学部德育主任,又过了一年,我担任了新成立的高中部德育主任。其间,我最佩服的是彭云松校长,他是唯一一个到宿舍和我吃着家常饭菜交流谈心的校长。在嘉玛学校最辉煌的时候,因种种原因,我离开了这个我付出了最美好青春的学校。

同样是8月,不过已是2010年,我收到了向往已久的东华初级中学的报到通知。我晚上在嘉玛学校交接德育处的工作,白天参加东华初中的岗前培训。东华初中的管理非常严格,这里的优秀人才太多了,从领导到普通老师,不乏传奇人物,这保证了这所航母般的大校走在了全市,甚至全省、全国的前列。我在领导老师特别是沈传标校长、刘厚伟主任和田云亮级组长等人的帮助下,也由最初的不适应到慢慢带着班级走到了年级前列。没想到两年后我竟因脑梗塞住院了,出院后我虽然带病却很欣慰地带完了最令我骄傲的一届学生。

领导答应了我因病辞去班主任职务的请求,但仍让我留在初三带两个语文成绩排在年级尾巴上的班级。一转眼,中考已过去好久,两个班的语文中考成绩都进入了年级前列。新学期的教师分配出来了,我又被安排到了初三。

元旦即将到来,在离中考只剩半年之际,我又接手了年级倒数第一的班级。"受任于败军之际,奉命于危难之间",让人不由得"夙夜忧叹"。又是无数个日夜过去了,当初倒数第一的班级相对于对比班级均分提升了12分以上,超过了多个班级。

截至今年,我参加工作已经有二十一年,回首过往,觉得愧对人生。因此在去年酷热的暑假里,我一边照顾病重的母亲,一边学习并完成早已开始但未能竟篇的《师道三十六计——怎样做一名出色的教师》一书。

我的一点感受

素质教育提出来已有好长时间了,但我们的教育好像始终走不出改革的怪圈:要减轻学生负担,但他们的书包越来越重;不准学校给学生补课,但社会上的补习机构如雨后春笋般层出不穷;不追求升学率,但学生只有通过中高考才能升入高一级学府……

凡此种种棘手的现实问题,给教育工作者提出了越来越多的挑战。再加上社会的发展,知识经济时代的到来,学生接受信息渠道的增多,使得我们有些老师开始感到力不从心。

其实,针对当前教育现象而展开研究的书籍不在少数,为我们适应当前的教育形势提供了不少的参考依据。我写《师道三十六计——怎样做一名出色的教师》的初衷也是希望能为同人在遇到当前的教育教学难题时,提供一点帮助。若真能让同人有所收获,笔者则欣喜不已。

逆水行舟,不进则退。愿我们共同努力,不断前进!

引 言

为师之道

身为唐宋八大家之首的韩愈说:"是故无贵无贱,无长无少,道之所存,师之所存也。"这里的"道",是指儒家孔子、孟轲的哲学、政治等原理、原则,所谓"师道尊严"大概即源于此吧!当今的中国教育,既继承了两千多年来的儒家传统,又融汇古今中外的各种思想,所以师之"道"的内容如今有了很大的拓展。

《师说》中又曰:"师者,所以传道受业解惑也。"这句话讲明了教师的作用是传授道理,讲授学业,解答疑难问题。古人拜师学习称为求师,具备一定条件才能去求师,知其难得,故而珍惜,而对家庭条件好的、不怎样努力的学生,家庭贫寒身份低微的教师多半也无可奈何,因而就有了"自古雄才多磨难,从来纨绔少伟男"的说法。

教育发展到当代,中国已开始实行免费义务教育。教育普及到这种程度,许多学生便不再珍惜学习的机会,于是"黑发不知勤学早,白首方悔读书迟"的现象更加频繁地发生了。作为教师,我们应该尽量减少甚至避免这种现象的发生,所以当今教师要想引导学生健康成长并发展成为有用之才必须要有方法。如今讲师道,主要指教育策略和方法,我们必须充分运用我们的智慧,做好教育工作。

任何方法都是在一定的思想指导下产生的。要教育好学生,首先要有正确的指导思想,要明白学生是我们的教育对象,学生的学习目标和我们的教育目标是相统一的。他们在学习过程中之所以会存在这样那样的问题,是因为他们还不成熟,需要我们的帮助,而有些问题甚至就是我们这些为师者方法不当造成的。因此,我们更要努力提高自身各方面的素养,采取恰当的方法。在帮助他们克服缺点的同时,我们也得到了锻炼和提高,这就是"教学相长"的道理。如果能让学生明白我们的良苦用心,那是再好不过的,即使学生暂时不能明白,只要我们合理合法地采取恰当的方式管理好班级,让学生最终不虚度年华,那也算是达到了教育的目的。

为师之道的最高境界在于让学生对你心服口服,把你当作偶像。若真如此,何愁班级管理不好,学生教育不好?另外,如能做到让学生"亲其师",自然他们也就能"信其道",学生教育的一些问题也能迎刃而解。再者,如果你能树立威信,严格管理,班级建设也会较顺利。然而,我们有一小部分老师往往亲而无度,忘了和学生的界限,或者严而过度,造成师生关系紧张,甚至心中无底,不知自己该如何定位……凡此种种,导致那些教师成为学生和家长心中的"误人子弟"之辈。

至于为师之道,释迦牟尼在《善生经》里指出了下列几点:一是顺法调御,以爱教导;二是诲其未闻,增广知识;三是随其所闻,令解善义;四是示其善友,乐于交游;五是尽己所知,诲授不吝。这对于为师者应该是有一定的借鉴意义的。

其实,为师之道也很简单,只要我们把工作当作事业来做,心怀"师者,传道受业解惑也"的理念,只要我们"内怀关爱之心,外托制度之名",用真心关爱学生,用制度约束学生,努力探索适合自己的、正确的教育方法,就一定能成为一名好教师。

至于为师之道的方式、方法有哪些呢?鄙人不揣浅薄,将兵法中的《三十六计》与教育工作相结合,并结合了教育教学中部分成功案例,也将自己教育教学的体会融汇其中,写成了这本《师道三十六计——怎样做一名出色的教师》,但愿能对从教者有所裨益。

师道三十六计

"内怀关爱之心,外托制度之名"是指在关爱学生的前提下,运用智慧进行班级管理的一种手段。天下无免费的午餐,任何事情要想取得成功,要么费力,要么动脑。教师自古就是运用智慧的职业,古时的战事由于关乎人的生死存亡,于是将人类的谋略、智慧发挥到极致。因此在教育教学过程中我们若能巧妙地借用兵法谋略,将会起到出奇制胜、事半功倍的效果。

《三十六计》是根据我国古代卓越的军事思想和丰富的斗争经验总结而成的兵书,是中华民族悠久的历史文化遗产之一。原书按计名排列,共分六套,即胜战计、敌战计、攻战计、混战计、并战计、败战计。前三套是处于优势所用之计,后三套是处于劣势所用之计。每套各包含六计,总共三十六计,依序分别为瞒天过海、围魏救赵、借刀杀人、以逸待劳、趁火打劫、声东击西、无中生有、暗度陈仓、隔岸观火、笑里藏刀、李代桃僵、顺手牵羊、打草惊蛇、借尸还魂、调虎离山、欲擒故纵、抛砖引玉、擒贼擒王、釜底抽薪、浑水摸鱼、金蝉脱壳、关门捉贼、远交近攻、假道伐虢、偷梁换柱、指桑骂槐、假痴不癫、上屋抽梯、树上开花、反客为主、美人计、空城计、反间计、苦肉计、连环计、走为上。每计名称后的解说，均系依据《易经》中的阴阳变化之理及古代兵家刚柔、奇正、攻防、彼己、虚实、主客等对立关系相互转化的思想推演而成，含有朴素的军事辩证法的因素。解说后的按语，多引证宋代以前的战例和孙武、吴起、尉缭子等兵家的精辟语句。全书还有总说和跋。《三十六计》是我国古代兵家计谋的总结和军事谋略学的宝贵遗产，到今天还极具影响力，广为流传，特别是在行军用兵、商海谈判，甚至日常生活中都经常用到，教师若能将其巧妙运用于教育教学中，则更有奇效。

　　作为人民教师，要运用好《三十六计》，充分发挥其在教育教学中的作用，就要注意观察、反思，根据学生的状况和工作效果调整自己的方法。

　　工作二十余年，见到过各种不同类型的教师：有的教师性子火爆，高声大嗓，见到不良现象就要大发脾气，学生表面上很怕这样的老师，实际上，这往往会导致叛逆期的孩子变本加厉；有的教师是"新官上任"三把火，烧完后却再无下文，学生中的不良苗头渐渐生长，最终导致班级管理混乱；有的老师虽然勤奋，但被学生探出"计止此耳"，于是学生日益嚣张，甚至"欺负"到老师头上；有的老师很会训学生，班级状况也不错，但却见该老师经常生气、发脾气，生活质量大受影响……而有的教师很少发火，平时见到任何人都是一副笑脸，学生在他面前却是毕恭毕敬，班级各方面都展示出较强的优势；有的教师见面三板斧树立威信，以后有敢冒头的，来一个收拾一个，班级管理顺顺当当；有的老师事无巨细，亲自坐镇，明察秋毫，对违纪学生软磨硬泡，搞得没耐心的学生叫苦不迭，大部分学生被磨怕了，只好夹起尾巴做人；有的老师幽默风趣，对不良现象处理得也富有艺术性，任何困难都难不倒他，学生不得不服他……

　　俗话说"江山易改，禀性难移"。有些教师天性适宜做教师这一行，有的教师却无法很好地和领导同事相处，无法管理好学生。但后一种教师往往经过生活的磨炼，也可慢慢改变自己，从而改善工作和生活状态。实际上，教师这一职业非常锻炼人，教师工作做得好的，去从事很多职业应该都是能够胜任的。如果教师这一职业都不能改变一个人，那其他职业也很难使他改变。作为教师，我们不仅要改变自己以适应环境和工作，更重要的是要善于观察、了解教育对象，能随机应变，采取灵活多变的方法去教育他们。

　　我刚参加工作时，担任了全年级成绩最差班级的班主任，堂堂男子汉曾当着全班同学流过眼泪。当时是饱含着无奈和焦急给全班同学做思想工作，说到动情处，我流泪了，全班同学也被感动了，但事隔不久，他们又故态复萌。那时我就明白了,大学所学的《教育学》《心理学》以及教育家从教的典型事例,都是理想主义的憧憬,从事教育既要有激情的向往,更要注重实际的效果。因此,在这个过程中,我也曾采取了一些歪点子:让上课吃东西的同学当众表演吃面条,让嘲笑别人的同学端着大镜子看着自己的脸保持笑容,让给别人取外号的同学以所取的外号为题写作文……我"怪招迭出",虽取得了一定效果,但却感觉疲于奔命,因为"按下了葫芦又浮起了瓢"。好在当时同班的同事中能手辈出,又热心指导,再加上我不断反思,慢慢摸到了一些门道,特别是将《三十六计》运用到教育教学工作中后,我的工作之路越走越顺,能力也得到了较大提高。

  之后,我取得了一系列成绩,慢慢得到了领导重视,后来担任了学校办公室主任。三年后,即2004年,宜昌市教育局通知我8月16日参加暑期干部培训,拟让我担任市教育局办公室副主任。我于培训前临时决定来到东莞市华南师大嘉玛学校,参与学校的创建工作,一切从头开始。

  我踌躇满志地迎来了东莞市华南师大嘉玛学校的第一批学生,然而他们却与我之前带的学生有很大差异,幸亏我使出《三十六计》才使情况得到根本性的扭转。两年后学校让我担任了中学部德育主任,在学校德育工作中我运用《三十六计》中的谋略进行班主任培训及教育管理,使学校德育状况得到了较大改善。六年后,来到名校东华初级中学,最初,因我不熟悉新的管理模式,而使我带领的二班第一学期的德育考核没能得到第一名,但之后五学期的德育考核均名列年级第一,这不能不说《三十六计》有很大的功劳。

  在战争中使用计策之人,用褒义词来评价之是足智多谋,贬义来讲就是狡猾奸诈。但教育工作者所做的一切均应以关爱学生为前提,使用计策实际就是运用教育策略和技巧,不存在狡猾奸诈之说。要让学生觉得你是一个足智多谋的教师,一定要把握一个原则,那就是"内怀关爱之心",在真心关爱学生的前提下使计,你的计策才能把握好时机和尺度,才能起到良好的正面效果。

  为师之道善用《三十六计》,无疑会使工作效率倍增,但愿我的体会能对各位同行有所启发。

目 录

前　言 ·· （ 1 ）
引　言 ·· （ 1 ）

理 论 篇

第一套　胜战计
　　——善用有利条件 ·· （ 3 ）
　第一计　瞒天过海
　　　　——用善意的欺骗帮学生克服心理障碍 ················ （ 3 ）
　第二计　围魏救赵
　　　　——消除捣乱分子的生存环境使其改邪归正 ············ （ 6 ）
　第三计　借刀杀人
　　　　——巧借外力"杀"掉学生身上的缺点 ················ （ 9 ）
　第四计　以逸待劳
　　　　——在冷静等待中寻机改变学生 ···················· （ 12 ）
　第五计　趁火打劫
　　　　——趁学生处于心理危机之时实施教育 ············· （ 14 ）
　第六计　声东击西
　　　　——取得学生信赖、认同后再帮其改正不足 ········· （ 17 ）

第二套　敌战计
　　——巧用有利形势 ·· （ 22 ）
　第一计　无中生有
　　　　——用心理暗示调动学生使其达到良好的状态 ······· （ 22 ）
　第二计　暗度陈仓
　　　　——以有趣的形式展开活动以达到隐含的教育目的 ··· （ 26 ）

第三计　隔岸观火
　　——放手引导学生在体验中获得教育 …………（28）
第四计　笑里藏刀
　　——用和善的态度帮学生"砍掉"身上的毛病 ……（30）
第五计　李代桃僵
　　——牺牲次要内容换取整体的提高 ………………（33）
第六计　顺手牵羊
　　——抓住教育机会顺势对学生进行鼓励或引导 …（36）

第三套　攻战计
　　——活用适当方法 ……………………………………（39）
第一计　打草惊蛇
　　——旁敲侧击促进有问题的学生改进 ……………（39）
第二计　借尸还魂
　　——巧用一定手段实现教育教学的目的 …………（43）
第三计　调虎离山
　　——把学生调离优势位置或激烈场合后再教育 …（45）
第四计　欲擒故纵
　　——"纵容"学生犯错然后通过引导解决问题 ……（48）
第五计　抛砖引玉
　　——树立典范给全体学生指明方向 ………………（51）
第六计　擒贼擒王
　　——抓住主要矛盾从根本上解决问题 ……………（53）

第四套　混战计
　　——妙用不利环境 ……………………………………（56）
第一计　釜底抽薪
　　——消除导致错误言行的思想根源促其改正 ……（56）
第二计　浑水摸鱼
　　——使小团体产生矛盾而混乱后归服管理 ………（59）
第三计　金蝉脱壳
　　——从不利的环境中脱身以便求援或考虑应对策略 ……（62）
第四计　关门捉贼
　　——将受教育者的退路堵死使其改正错误 ………（65）
第五计　远交近攻

目 录

　　——与外部学生有冲突应处理自己的学生疏导外部学生 ……………………………………………………………（69）
　第六计　假道伐虢
　　——让犯错者在协助老师帮扶别人时得以改进 ……（72）

第五套　并战计
　　——营造有利氛围 ………………………………………（75）
　第一计　偷梁换柱
　　——通过转移学生的关注点来转变学生 ……………（75）
　第二计　指桑骂槐
　　——批评类似事件而使犯错者受到教育 ……………（77）
　第三计　假痴不癫
　　——假装不知道其错误言行而激励孩子前行 ………（80）
　第四计　上屋抽梯
　　——毁掉退路使学生与错误彻底决裂并改正 ………（83）
　第五计　树上开花
　　——即使讨厌也要真心关爱以激发其内在动力 ……（86）
　第六计　反客为主
　　——树立主人翁意识使学生变被动为主动 …………（89）

第六套　败战计
　　——奇用不利情况 ………………………………………（93）
　第一计　美人计
　　——用赞赏的言行感化学生使其听从教育 …………（93）
　第二计　空城计
　　——让学生误认为班主任在监控而促成良好的班风 ……（96）
　第三计　反间计
　　——分化有消极影响的团伙并转化他们 ……………（98）
　第四计　苦肉计
　　——教师自我惩罚或让学生自我磨炼而使学生受到教育 …………………………………………………………（101）
　第五计　连环计
　　——多个计策连环使用以改变有"痼疾"的班级或学生 …（104）
　第六计　走为上
　　——摆脱当前的困境以便更好地发展或处理问题 ………（107）

实 践 篇

实践之一　玩转太极
　　——引导学生解决自己提出的问题 …………………………（113）

实践之二　扭转乾坤
　　——扭转局面重握班级管理主动权 ……………………………（117）

实践之三　心灵交锋
　　——引导学生真心反省自己的言行 ……………………………（120）

实践之四　扭转心态
　　——运用叙事德育改变学生的态度 ……………………………（123）

实践之五　走进心灵
　　——从内心理解学生陪伴他们成长 ……………………………（128）

实践之六　以文激励
　　——于关键期用写文章的方式激励学生进步 …………………（130）

实践之七　诗化情谊
　　——写诗赞美学生激发学习的兴趣 ……………………………（138）

实践之八　激励竞争
　　——采用竞争的形式调动学生的积极性 ………………………（141）

实践之九　临危受命
　　——用威信、规范和情感转变后进班级 ………………………（143）

后　记 …………………………………………………………………（148）

理 论 篇

将《三十六计》中每一计的古兵法原文解读与教育教学工作方法解析相结合,同时结合部分成功案例,也将自己教育教学的体会融汇其中,为教师在教育教学过程中解决问题或组织教学提供借鉴和参考,以求对从教者有所裨益。

第一套　胜战计
——善用有利条件

《三十六计》对"胜战计"的解说是：处于绝对优势地位之计谋。君御臣、大国御小国之术也。亢龙有悔。胜战，是在我强敌弱的条件下，谋算对手势力的变化，弄清对手情况，比较敌我状况后，进行区别对待。此套计策要求在战前先具备胜利的条件、胜利的方案和胜利的把握后再进行决战。其共包含瞒天过海、围魏救赵、借刀杀人、以逸待劳、趁火打劫、声东击西六个计策。

此套计策用在教育教学上，即要求我们充分利用当下的有利条件，采取相关计策，针对有问题的学生进行教育和引导。

第一计　瞒天过海
——用善意的欺骗帮学生克服心理障碍

"瞒天过海"的计策，古时人们早有使用，而"瞒天过海"这一词语的形成或与元初未知人士所撰《薛仁贵征辽事略》中薛仁贵设计让唐太宗渡海的故事有关。其意是瞒住上天，偷渡大海。

"瞒天过海"之计的古兵法原文是："备周则意怠，常见则不疑。阴在阳之内，不在阳之对。太阳，太阴。"其今义为："防备得十分严密周全，往往容易松懈大意，而对司空见惯的事情往往不会怀疑。诡秘的计谋往往隐藏在公开的事物里进行，而不在公开事物的对立面出现。非常公开的事物里往往蕴藏着非常机密的计谋。"

生活中，我们也不乏使用"瞒天过海"之计的案例。比如，《一位母亲与家长会》一文，就讲述了一位母亲运用该计策的故事。这位母亲在孩子读幼儿园、小学和中学时，每次参加家长会后，都把老师说的关于孩子的不足转化成表扬孩子的语言来对孩子进行鼓励，结果她的孩子经历了从开始被怀疑有多动症、智商比其他同学低,到最后考上了清华大学的重大变化。这个故事里的母亲就是成功地运用"瞒天过海"之计进行教育的典范。

"瞒天过海"是一种示假隐真的疑兵之计。在战争中,它是一个利用人们"常见不疑"的心理状态,进行战役伪装、隐蔽军队集结和发起进攻企图,以期达到出其不意效果的计谋。在教育中采取"瞒天过海"之计往往也能出奇制胜。

但在战争和教育这两种情况下使用"瞒天过海"之计的目的却有着根本性的区别:战争中是为了打败对方,置对手于死地,因而"瞒"是恶意的欺骗;而教育中是为了帮助对方,使对方成功,因而"瞒"是善意的策略。

诚实是一种美德,但并不是所有的事情或在所有的情况下都能说实话的,特别是对于教育工作更是如此。因为学生的心智是不成熟的,对于许多学生来说,直接的批评教育往往令他们不开心,使得他们难以接受。当然,批评对于许多成年人来说也一样是难以接受的,更何况是学生呢?特别是已经认识到自己做错了事情,且对后果过于担心害怕的同学,如果能巧用"瞒天过海"之计,便可能起到良好的效果。"瞒天过海"之计其实是教育工作中较为普遍采用的一种手段,其所产生的教育力量和效果往往出人意料。

有这样一个案例可以充分说明这一点:

有位女生爱上了自己的老师,无法自拔的她忍不住给老师寄了一封信。然而,信投进邮箱,女生立即后悔了:老师已经有了一个幸福的家庭,自己还那么小,老师看完信后会怎么看待?要是让同学和父母知道了,自己怎么面对?女生越想越怕,原来"炽热"的爱霎时被恐惧吓得无影无踪。为能避免面对此事,她甚至想到了死。可是日子一天一天地过去,老师一如既往地上课。有一天,在和学生聊天时,老师指责邮局"不负责任",他的信件经常遗失。直至此时,女生才身心释然,自己的那封信被幸运地"丢失"了。数年后,当大学毕业的该生去拜访自己曾经爱上的这位老师时,老师将保存了多年的这封信交给了她。这时,她才恍然大悟,连忙站起来向老师鞠躬:"谢谢老师!谢谢老师!"

当然,如果这位老师到最后仍不揭穿事实,以后交往会更自然,这个"瞒天过海"的计策使用得就更成功了。有些老师认为,抓住了学生的把柄,学生就会老老实实地听话,就会容易管理了。其实,真正的教育高手是不屑于抓表面的一些现象的,他们善于通过表面现象了解学生的内心,从学生的心理上加以引导。这样学生不仅佩服你不追究的胸怀,更感激你疏通其心灵时的满怀真情,这对于教师来说可以算是不战而屈人之兵,而且内心的诚服往往比表面的认错更能使学生受到教育,促使其改正错误。

"瞒天过海"之计作为针对个别同学成长的教育方法使用,效果是明显的:

我带的第一届学生里有一名叫唐某某的女同学,据我了解,她父亲已去世,母亲的精神病时常发作,但她又不愿让别人知道她的家庭情况。我内心非常同情她,于是我一直假装对她的家庭情况一无所知,只是默默地帮助她,让她担任语文课代表以便能经常了解她的情况,并注重从心理上引导她。毕业后她顺利考取了省重点师范学校,后来也成了一名教师。

王金战老师也讲过一个案例:某女生,父母离异,跟随母亲生活。她对父亲心生恨意,不肯接受父亲的任何物质和精神上的关怀,整日生活在悲愤之中,父亲为此痛苦,母亲也为此哀怨。这位父亲只好托王老师以他的名义,给这个孩子送钱、送物。在孩子要出国深造需要大量保证金的时候,这位父亲费心筹钱仍是用了王老师之名给予资助。在这个女生临行之前,王老师将她父亲所做的种种事情细细地说给她听,终于这位女同学感受到了多年来始终围绕在她身边的绵绵长长的父爱,化解了她的心结。

这两个案例都是将善心和美好的意愿,化作长期的默默付出。只是第一个案例中,我至今都未告诉唐某某同学,我觉得这是一种最美好的付出,这种用"瞒天过海"之计取得良好教育效果的感觉是幸福的。第二个案例虽然未一瞒到底,但在关键时刻告诉这位女生,是为了化解她的心结,使她在国外就读时能用亲情温暖自己孤单的身影,从而使她能生活得更好。

"瞒天过海"之计也可以作为短期的教育手段使用。比如,故意让成绩一直较差的同学在下课时帮老师送东西到办公室,并利用请他顺便用书压好桌上的试卷,以免被风吹乱等方式,而故意让他看到下午的考试卷,然后对考好或进步的他大力表扬以激发他的自信心;提前告知学生考试时间的时候,故意少说复习的天数,在指定的考试时间临近而学生遗憾地说还没复习好时,再告诉他们还有几天时间,让他们在欣喜之余再进行复习巩固,也能激发学生的信心。这类"瞒天过海"的教育手段若能运用恰当,也能起到良好的教育效果。

使用"瞒天过海"之计一定要本着以人为善的出发点,"瞒"是为了扬善,是为了教育,是为了成功,如果怀着不良动机去"瞒",只会自食恶果。

教师作为人类灵魂的工程师,应该善于运用一切能改善学生的教育方法,不要误认为"瞒天过海"之计是一种欺骗手段而弃用,善意的谎言如能起到良好的教育教学效果,何不尝试一下呢?

第二计　围魏救赵
——消除捣乱分子的生存环境使其改邪归正

"围魏救赵"这一成语出自《史记·孙子吴起列传》，后《三国演义》第三十回"官渡之战"中也曾引用："曹军劫粮，曹操必然亲往；操即自出，寨必空虚，可纵兵先去曹操之寨；操闻之，必速还。此孙膑'围魏救赵'之计也。"其本指围攻魏国的都城以解救赵国，现借指用包抄敌人的后方来迫使它撤兵的战术。

《三十六计》中兵法"按语"："治兵如治水：锐者避其锋，如导疏；弱者塞其虚，如筑堰。故当齐救赵时，孙子谓田忌曰：'夫解杂乱纠纷者不控拳，救斗者，不搏击，批亢捣虚，形格势禁，则自为解耳。'"译为现代文即："对敌作战，好比治水：敌人势头强大，就要躲过冲击，如同疏导分流；对弱小的敌人，就抓住时机消灭它，如同筑堤围堰，不让水流走。所以当齐救赵时，孙子对田忌说：'想理顺乱丝和结绳，只能用手指慢慢去解开，不能握紧拳头去捶打；排解搏斗纠纷，只能动口劝说，不能动手参加；对敌人，应避实就虚，攻其要害，使敌方受到挫折，受到牵制，围困可以自解。'"

"围魏救赵"之计用途广泛，《中医科学性辩》中写道："如果说西医的治病方法是'直捣黄龙'，那么中医的治病方法便是'围魏救赵'。所谓直捣黄龙的治病方法，就是直接消灭病灶和致病因子。所谓围魏救赵的治病方法，不是直接消灭病灶和致病因子，而是针对致病因子的生存环境。中医的科学性，就在于这种围魏救赵的治病方法。"

作为教师，针对问题学生的教育帮扶则是另一种意义上的治病救人，因为我们要解决的问题，就是帮助学生消除他们身上的坏毛病。那么，"围魏救赵"之计对于教育问题学生有实际作用吗？

答案是"有"，而且是非常有用的。这是因为我们面对的学生性格各异，而其中有的学生具有极强的性格，逆反心理很强，犹如一颗随时可能会被引爆的爆竹。如果我们在教育过程中总是有意无意地引爆这颗爆竹，且不说有被炸伤的危险，就算你控制住了局面，压下了这个学生，但这个过程可能也有损你为人师表的形象，伤人者自伤，次数多了，问题学生的负面影响力上升，宛如抗击教师的"英雄"，而你在学生心目中的形象也毁了，成了衬托"英雄"的反面人物，若如此，你的情况就大大不妙了。

当我们在教育教学过程中遇到了这类学生时，第一次不小心点燃爆竹还情有可原,若以后还在"同一个地方摔跤"就太不应该了。有的老师可能会说,对这样的学生我采取冷处理,不理睬他,他自然无趣,没有对抗,也就谈不上什么"抗师英雄"了。殊不知,这类学生是"人来疯",你不理睬他,有学生理睬他,你的不理睬就是不作为,实际上就是纵容他,他会越来越猖狂。当你想管他的时候,你的话已经变得毫无分量,以他为首的群体也已习惯了你的不作为,对待你的态度会让你大吃一惊。因为他们早已习惯把你不放在眼里了,他们觉得你毫无值得敬畏之处。

那么究竟该如何处理这类学生呢？这时你就需要采用"围魏救赵"之计了。

所谓的"围魏救赵"之计,就是对待这类学生时,我们不必和他正面冲突,而是控制住他周围附和他的同学,即中医的治病方法中所说的"不是直接消灭病灶和致病因子,而是针对致病因子的生存环境"。当他的所作所为没有得到响应时,他也就无趣了,百无聊赖的他最后只好屈服,甚至主动来讨好你。掌握了主动权的你,便可以要求他乖乖听令了。

对于自制力太弱或长期故意捣乱的学生,也可以使用此计。

当然,要转化这样的同学,关键在于如何控制住他周围附和他的同学,至于如何控制这些同学,看完网友 Eleven 在"K12"教育论坛中所介绍的案例,你也许会受到启发。

处在初中阶段的孩子会有一部分人开始爱出风头、爱表现,借以吸引异性的眼光,俗称"人来疯"。在我的班级里曾经就有这样一个孩子。

这孩子刚入学的时候还属于性格相对内向的学生,到了初中二年级以后,性格有了很大的变化,上课喜欢出洋相,接老师的话,而且每次都搞得同学们哈哈大笑,每次达到目的后他都会一脸得意。经过一段时间的观察,我认定他的青春期效应来了,他想引起大家的注意,尤其是女同学的注意,也可能是某个女同学的注意。

我该出手了。

于是我导演了一次调座位的活动,活动完成后,班级的整个格局基本没变,只是这个学生周围的 8 个方位全部换成了女生,和这个学生关系不错的同学在同他四目相对时竖起了大拇指。这些都被我看在眼里,我知道他们的眼神中满是羡慕。当我和这个孩子四目相对时,他的眼神告诉我,他有一丝不安和兴奋,不安是因为不知道我为什么要这样做或者接下来会怎么做,兴奋的是在自己周围的女生们各方面都是那么优秀,给自己创造了接近她们的绝好机会或是引起她们注意的绝好时机。

接下来的几天里他表现得还算不错,上课也认真听讲,与原来相比倒是好了许多，但是我知道这只是暂时的表象，他是在试探我，也是在等待我先出手，目的是了解我的意图。而我一如既往地上课、备课、陪学生散步、和学生谈心，同以前相比没有丝毫变化。因为我也在等，等待着那一刻的到来。

孩子毕竟还是孩子，他没有过多的心机和耐力，他的本性开始暴露了。这是在一次生物课上，老师正在津津有味地讲课。当讲到狍子（一种动物）的时候，老师讲了一个关于"傻狍子"的小故事，目的是活跃一下课堂气氛。这孩子一看机会来了，在大家哈哈大笑的同时，指着周围的女同学说"傻狍子"，但是让他没想到的是，那个女同学连看都没看他一眼，这家伙显然很扫兴，但是他不甘寂寞，又指向另一个女同学，结果另一个女同学还是连看都不看他一眼。我感觉到他当时很扫兴，因为我透过班级后门玻璃看到了这一幕。接下来的时间里科任老师们还是一如既往地投诉这个学生上课时的不良习惯，并不时地批评他。每当这个学生在办公室被某科老师批评教育时，我都走过去替他解围，并暗示他好好想想，什么东西才是同学们真正推崇的。

两个月以后，这个孩子开始有了变化，这是真正意义上的变化。他不再接老师的话，而是开始主动回答问题；不再在课堂上出洋相了，而是开始认真记笔记；下课时不再大声喊叫，开始变得有礼貌。虽然这个孩子并没有一下子变到最好，但是我很高兴，在我和同学们的眼里，这个孩子"变好了"。

好了，到了公布答案的时候了。在调整座位之前，我已经找那几位女同学谈过话，告诉她们不要让外部环境影响自己，自己的强大才是真正的强大。并叮嘱她们，拜托她们帮我改造一下这个男生，她们都很高兴地答应了，事实上她们也是这么做的。所以就出现了这个男生使尽浑身解数，那几个女生却岿然不动的局面。因为她们在我的请求之下，已经下定了要帮助他的决心。所以经过一段时间的博弈，这个学生终于明白了很多事情。

网友 Eleven 将那个男生周围的 8 个方位全部换成了各方面都很优秀的女生，而且事先给她们做好了思想工作，使这个男生捣乱时失去了响应，变得很无趣，自然也就闹不起来了。因此这一招"围魏救赵"之计是运用得较为成功的。

在后面第四套混战计的第四计"关门捉贼"中，将介绍我用"关门捉贼"之计转变我班的"黑白双煞"中的李某某的案例。当我、李某某和他母亲三人坐在一起时，李某某的第一个借口便是座位周围的同学影响了他，实际上是他在影响别人，我没有辩驳而是三方协商后给他选定了教室最前面的位置，周围安排的都是优秀学生。这实际上也是使用了"围魏救赵"之计，后来配合其他措施，终于使他慢慢转变过来。

要除去杂草,必须种上秧苗。要消除捣乱现象的生存环境,除了把附和捣乱的学生调走外,还要在其周围安排能管控自己的学生,否则就会让捣乱者得以重新施展,将会继续影响新一批的同学。

老子的《道德经》指出:"大音希声,大象无形。"当教育达到一定的境界时,不需要刻意使用这些技巧,也是会达到润物无声的效果的。但是在成为大师之前,我们还是要多动动脑,想想办法,以增加自己的智慧,当你的智慧达到质变的时候,你就成为了令人景仰的大师。

第三计 借刀杀人
——巧借外力"杀"掉学生身上的缺点

"借刀杀人"出自明朝汪廷讷的《三祝记·造陷》:"恩相明日奏仲淹为环庆路经略招讨使,以平元昊,这所谓借刀杀人。"其含义是自己不出面,借别人的手去害人。

"借刀杀人"的兵法释义是:"敌已明,友未定,引友杀敌。不自出力,以《损》推演。"译为今文即:"已经掌握了敌人的情况,但盟友对于敌我双方的态度和选择还不清楚,在这种情况下就要说服诱导盟友去消灭敌人。这样既消灭了敌人又保存了自己的力量,这是利用《损》卦中的逻辑而进行的推理。"

一位名叫"红楼妙玉"的网友在同名博客里谈及教育中的"借刀杀人"之计时写道:"初看起来,这一计谋血腥味太浓,与教育的神圣不相符,甚至是相抵触的,但是这一计谋恰恰在教育上利用得更广泛。我们不可单从文字表面的意义去感性地认识,而是要从这一计谋实质上的作用去分析。这一计谋的实质是什么呢?就是巧借外力,就像太极拳的妙处在于四两拨千斤一样,我们要善于借助外界的力量为我所用。在教育上,能够借用的外力是什么?就是充分发现、抓住和利用一切教育资源。什么是教育资源呢?所谓的教育资源就是能够有利于进行有效教育活动的一切人力、物力、思想、文化等资源的总和。新课程提倡要善于利用一切教育资源,实际上这就是巧借外力之计。"

"红楼妙玉"对"借刀杀人"之计解说得是比较到位的。在对学生进行教育的过程中,善用"借刀杀人"之计的教育工作者往往会取得良好的教育效果。其实,我们在教育工作中不经意间就会运用到"借刀杀人"之计。

就拿班主任来说,其可借的"刀"有班干部、家长、科任教师、生活教师

(教官)、学校各处室等等。但我认为最有用的"刀"就是各项规章制度,包括上自教育部制定的《中小学生守则》《中小学生日常行为规范》等,下至学校的各项规章制度及各班的班规班纪。而最具有实际意义的"刀"就是将班规班纪和量化考评结合起来,使班规班纪充分发挥其约束作用。因为班规班纪是依据国家教育部门的规定及学校制度与本班具体实际相结合而制定的,具有非常切合实际的管理效应。制定班规时最好能引导学生讨论共同确定,并采取切实可行的处罚措施,制定配套的量化考评机制,对违纪犯规的学生照章处理。因为班规班纪是全班同学共同讨论制定的,其中就包括了违规者本人,所以自己参与制定的班规自己必须遵守,违反了也应该按照自己参与制定的惩罚措施接受惩罚,这样可以避免矛盾的激化。

　　当然,量化考评机制中不可缺少班干部,班干部也是班级教育管理工作中不可或缺的"刀"。对于这把"刀",班主任就要像侠客爱护自己的宝刀宝剑那样爱护他们,不要轻易让他们受损,当然也不能让他们"滥杀无辜",所以在制定班规班纪和量化考评机制的时候,应把对班干部的管理与量化考评考虑进去,这样就保证了班级的一切管理都是有章可循的,让班干部在执行的同时,也受到班规的约束和同学们的监督,这样实际也是对班干部这把"刀"的保护。

　　有的班主任喜欢请家长,其实家长这把"刀"最应该慎用。家校结合进行教育确实很重要,但我们请家长的时候,一定要慎之又慎,而且一定要做好充分的准备。对于寄宿制学校,家长周末到校接送孩子,我们应该坚持每次都能和家长进行简单的交流,将孩子每周量化考核情况及各科学习情况(学习委员督促各科科代表完成的各科过关登记表)给家长汇报,提醒家长周末也要注意孩子的学习状态。而对于非寄宿制学生,我们就应该经常家访,去看看他们在家的学习环境,了解一下其在家的学习状况,和家长沟通一下学生日常的情况,提提建议。一回生二回熟,慢慢你就会认识所有家长,并和绝大多数家长成为朋友,请家长协助教育时,一切都会变得顺利自然。如果是调皮的学生,应该经常和其家长沟通、交流,谈谈自己的想法和对家长的建议,一旦该生犯下重大错误和家长联系时,家长也能够理解你。对于学生犯了重大错误而初次联系家长时,一定要做好充分的准备,在把其所犯错误的情况完全了解清楚的基础上,还要把该生一直以来的各方面情况以及最近阶段的学习状况和表现集中梳理一下,然后和家长进行客观而全面的交流,在尊重家长意见的基础上提出自己的建议并阐明理由。总之,借用家长这把"刀",一定要让家长明白我们和家长拥有共同的目标,就是要把孩子教育好,我们所有的措施都是围绕我们和家长的共同目标而采取的。要让家长明白我们的良苦用心,这样,家长才会心甘情愿地按照你的要求配合教育工作。

至于借助科任教师、生活教师(教官)和学校各处室进行教育,则是一个互相配合,形成教育合力的问题,这些"刀"很好用,但要少用、巧用和善用。特别是学校各处室,不到万不得已不要轻易动用,用了就要一招制敌。否则,学生就会觉得班主任的上级领导机构也不过如此,这样就会让他们更加肆无忌惮。所以在动用学校德育处室前,一定要准备好资料,并和德育处室领导沟通好,力争发挥"专政机关"的最大震慑作用。

在我工作的第二年,班里开始实行横向竞争与纵向管理相结合的立体式管理模式。横向竞争即现在广泛流行的"小组合作学习",纵向管理即以班长为首的金字塔形的层级管理模式。加上与班规的量化考核相结合,每届学生管理到了班级规范形成后,班级就进入了良性循环阶段,我的工作就变得相对轻松起来。这个立体式管理模式就是我最爱借助的、最珍爱的"宝刀"。在我到了东华初级中学后,更加鲜明地感受到了它的威力:在我一次外出学习及一次住院期间,班级情况与我在校时没有两样,而且照样每天坚持放学前小结。特别是我患脑梗塞刚出院时,我的学生升入了初三,在这个面临毕业的紧要关头,我大大减少了对班级的管理,可班级的德育量化考核一直稳居年级第一,文化成绩比以前更加稳定地居于年级前列。

另外,当老师针对学生的问题直接进行教育而难于奏效,甚至会起反作用的时候,也可以使用"借刀杀人"之计,借助其他方式引导学生认识到自己的错误和缺陷,从而改正自己的缺点。

下方案例正是巧妙地运用"借刀杀人"之计的鲜明写照:

学生恋爱了,老师非但不训斥,反而让学生把对爱情的思考写成论文。近日,47中的何国跻老师和几十位中小学幼儿园老师一起,因成功的教育案例,而接受了市教育局的颁奖。

因为何国跻老师与学生一起探究爱情,当初那个写了2000字长信和他辩论爱情观,声称"你要管也管不了",学习成绩全班倒数第三名的学生,完全转变了。他巧妙地利用高中阶段研究性学习的形式,同学生一起制定了"高中语文课文经典爱情题材内容研究"的课题任务,围绕"古人对爱情自由的追求""古人的爱情理想和社会现实的冲突""从古人的爱情故事看爱情与责任"这些主题,师生们经常敞开心胸交流讨论。

终于,曾经最叛逆的学生在论文中写道:"在我们今天自以为是的爱情中,有许多其实是幼稚和浅薄的。我们在自己的阅历、心智、思想还不能承担'爱情'的时候轻率地走进爱情,就可能给我们的身心和美好的爱情造成严重的伤害。"在高三最后一年，这个学生成了每天最后一个离开教室的人，他告诉何老师"我落下的东西太多了"。最后，曾经全班倒数第三的他以590多分的高考成绩考上了理想的大学。

在这个案例中，学生当初写了2000字长信同何国跻老师辩论爱情观，声称"你要管也管不了"，可见一般的教育难于达到目的。因此何老师针对这种情况，运用研究性学习设置一定的教育情境，让学生在体验中提高认识。正是借助研究性学习和学生论文的写作这把"刀"，杀掉了学生在早恋中的"幼稚和浅薄"，最后达到了使学生得以转变的效果。

总之，"借刀杀人"之计在教育工作中随处可见，至于用计水平和效果则因人而异。愿我们都能巧用、善用这一计策，使自己的教育教学成效更上一层楼。

第四计　以逸待劳
——在冷静等待中寻机改变学生

"以逸待劳"出自孙武《孙子兵法·军争篇》："以近待远，以逸待劳，以饱待饥，此治力者也。""以逸待劳"多指作战时采取守势，养精蓄锐，让敌人来攻，然后乘其疲劳，战而胜之。

"以逸待劳"之计原文解说道："困敌之势，不以战；损刚益柔。"其意即："迫使敌人陷入困顿的境地，不需使用武力；敌方刚强之势消耗了，我方的力量自然就会增强。""以逸待劳"这个计策就是造成敌方的困难和麻烦，我方则静观其变、养精蓄锐，待敌在困难和麻烦中耗尽精力后，一举歼灭之。

三丰道人由鹊蛇相斗悟通玄机，根据道教阴阳变化的道理，创立了以静制动、以柔克刚、后发制人的内家拳即太极拳原理。在现实生活中，以静制动、以柔克刚、后发制人的道理是非常有用的，太极拳文化因而日趋红火。这与三十六计中的"以逸待劳"有异曲同工之妙。

"以逸待劳"之计运用到教育教学中，就是要学会冷静等待。在教育过程中，如果把我们的意愿强行地灌输给学生，有时可能会遭到强烈抵制，甚至会给我们造成被动的局面。此时，若我们能做到"以逸待劳"，让犯错的受教育对象沿着自己的错误路子继续发展下去，其必定会暴露越来越多的问题，走至穷途末路，此时我们再进行处理，则能较容易地达到教育的目的。

此计适合于教育调皮捣蛋的学生，特别是带头调皮捣蛋的学生，因为他们往往易冲动，当着老师"犯横"，而此时我们要做的就是"以逸待劳"。

俗话说"擒贼先擒王"。我们在教育过程中若能降伏最调皮的学生，那么这个班的其他调皮生则会顺风归服。当然，这个最调皮的学生之所以会形成这样的性格和习惯，是有其环境和背景成因的，我们要想一朝改变他也是不现实的。在教育过程中，他和我们对立的时候，我们应该充分运用智慧，尽量缓和甚至转化冲突。学生多半是未成年人，我们的阅历和经验比他们丰富得多，而他们在捣蛋时我们如果和他们针尖对麦芒，不免显得我们这些为师者小气。他们毕竟是受教育者，我们不论从哪个角度说都应该能把握课堂的主动权。

我刚参加工作时领导交给我一个特殊班，班上有一个刘某同学，他连续读了两个初一，据说其父亲是黑社会老大，而他是一群小混混中的老大。有一次违纪后，受到批评的他在班上"发横"时，我一方面感觉不应该在全体同学面前显示软弱，另一方面又觉得不要当场把事情搞得太僵。于是我就冷冷地看着他，当他停止吵闹时，我又故意引出他的情绪，然后又看着他表演，全班同学也陪着看，看着这活生生的反面教材，我心里做好了打算，就把这节课当作一节结合实际情况进行教育的班会课，因为抓住实际情况开展教育往往比空洞的说教有用得多。"冲动是魔鬼"，在教育过程中，一方保持冷静的情况下，冲动方往往会说出令自己后悔的话或做出令自己后悔的事。在这种状况下，我"以逸待劳"，刘某同学单方面胡闹（其他调皮生在冷静的我面前没有轻举妄动）完全无趣直至黔驴技穷的时候，我以赞扬他富有激情开始转入反攻，慢慢深入，引导大家讨论，启发他本人发言，一举改变了该生以往不可一世的态度。虽然他的习惯不可能被我一下子扭转过来，但他从此开始接受我的教育，并在一点点地改变。

因此，"以逸待劳"之计就是通过发挥我们自己的主观能动性，以静制动，以简解难，以不变应万变，有效控制教育教学的过程，特别是对一些突发事件，我们要沉得住气，尽量做到"以逸待劳"。

福建省仙游师范学校的陈元勋老师介绍了一个相关教育案例：

晚自修前，学生 A 端着一杯开水下楼梯，一不小心正好泼在上楼的学生 B 身上。数分钟后，B 觉得身上火烧火燎的，一看，起了好些水泡，便把 A 从教室里喊出来，要向他"讨个说法"；A 也不甘示弱，反唇相讥。于是矛盾骤然激化。

对此，老师并不急于做出裁决，而是让他们继续争执。于是 B 指责 A 不该把开水泼到他身上，还不肯赔礼道歉，更何况时值夏季，万一伤口感染，误了学期考试，责任谁负？A 指责 B 自己走路不长眼，况且我并非故意烫你，何必气势汹汹，蓄意寻衅？……几个回合后，二人便都泄了气。班主任这才要求他们对照《学生日常行为规范》,检查自己的言行,对方的不是,让对方自己说去。

这一招果然灵验,二人各自心悦诚服地进行了自我批评,问题由此得到妥善解决。

在两位同学争论之时,老师若急于介入,后果则可能是双方互不服气。因此,老师运用"以逸待劳"之计,待其双方都有所认识之后再处理,则有利于问题的解决。

当然,"以逸待劳"之计运用得好,可以起到良好的效果,如果运用不当,则会让教育对象感到教师对其不够关心,导致其产生反感心理。因此,运用此计前教师应充分了解教育对象,而且在使用过程中也要注意观察教育对象的反应,若感到其神色不对,应及时处理,就不要再"以逸待劳"了。

这一计谋,对于教育工作的启示,是需要理智和冷静,有效地控制情绪,充分发挥我们的智慧。在教育对象势头正劲的时候采取冷处理,当然我们的大脑此时要高速运转,分析总结出他的优点和弱点,在其气势再而衰、三而竭之时,从肯定其优点入手(因为心理学研究表明,任何学生都是渴望赞扬的,这样易让其接受),抓住其弱点逐步深入指出其缺点(最好是引导同学们一起指出来,群众的力量是无穷的嘛),然后要做到让其明白这都是为他好,我们都是在帮他,并让他表态,深化他的印象,以促进他的改正。对于屡教不改者,最好记录下来,在每个恰当的时机用适当的方式提醒他,这样一般会产生良好的效果。

让我们认真领会,使"以逸待劳"之计成为一种巧妙的教育教学艺术吧!

第五计　趁火打劫
——趁学生处于心理危机之时实施教育

"趁火打劫"出自明朝吴承恩《西游记》第十六回:"正是财动人心,他也不救火,他也不叫水,拿着那袈裟,趁火打劫,拽回云步,经转山洞而去。"意思是指趁人家失火时去抢劫。比喻乘人之危谋取私利。

《三十六计》对"趁火打劫"之计解读的原文是:"敌之害大,就势取利,刚决柔也。"意思即:"在敌人遇到严重危机的时候,乘机出兵夺取胜利,这是以刚克柔、以强胜弱的好时机。"如果说"以逸待劳"是以柔克刚的话,那么"趁火打劫"正好相反,是以刚克柔。

在教育中运用"趁火打劫"之计,就是趁教育对象的心理处于危机之时,故意雪上加霜,在其"伤口上撒盐",在其心理抵抗能力降低后,让其明白自己的缺点或错误的危害性,引导其走上正确的道路,从而改正自己的缺点和不足。这也与"趁热打铁"类似:抓住了机会,事情完成的效率就会增加,效果就会更好;若抓不住机会,等烧红的铁放凉后变硬了,就不容易打造出需要的形状了。这个机会就是指教育对象的心理处于危机之时。用这种方法来教育那些屡教不改者效果往往较明显。

当然,屡教不改者的心理产生危机状态往往是可遇不可求的,教师要善于发现和把握时机。一般说来,他们遇到挫折打击的机会是比较多的,但他们的优点也就是对这些挫折(包括违纪、考得差、身体受伤以及受到老师家长批评等)有超乎一般学生的心理承受能力。许多教师对这些特殊教育对象无可奈何的原因也在这里,虽然老师在这些学生犯错后也采取了"趁火打劫"的教育方法,即在其犯错后,将其所犯的所有错误一股脑儿地全搬出来,对将来的后果也危言耸听地渲染了一番,甚至请家长,要其写保证书,当着全班宣读。结果过不了几天其又犯了同样的错误。产生这种情况的原因是对"趁火打劫"的教育方法的使用流于形式,没能触及其根本。

每个人的情绪和状态都是有生理周期的,我们要抓住特殊教育对象情绪低落期又遭受打击甚至不幸"祸不单行"的时机实施"趁火打劫"的教育方法,让其"痛彻心扉"。当然这种痛,是在将其各种缺点与不足列举出来,引导其认识到自己对家人、对自己、对他人、对社会造成的危害后的心痛。这种引导要精心设计,为了特殊学生要不惜花费心血,而且人在心理危机期会极大减弱对抗能力,也较容易认同他人的观点的。在这种情况下,这个特殊学生一般是会泪如雨下的。此时引导其制订改正计划,约定督促方式,并一步步踏踏实实地实施,应该可以让那些屡教不改者逐步得到改正。

在第三套攻战计"打草惊蛇"中,较详细地叙述了我转变宜昌市三中刘×同学的案例,因为他在初一连续留了两年并据称是一群小混混的老大。当时他多次违纪,我都只是要他记下他的过错并签名写下日期,一直没有轻易批评教育他。在一次他和家人闹翻离家出走后,我应家长请求帮忙寻找,终于在凌晨一点多找到了他。回到学校后,我当晚便给刘×同学写了一封信,第二天早上给了他。下课后,他来到了我的办公室,告诉我他和同学闹翻,和家长闹翻,在班级记载簿留下很多不良记录,成绩落得太远,觉得自己是最差的人,没想到老师还这样信任他,连夜去找他,还给他写信……说着说着,他泪流满面。我安抚了他的情绪,并一起讨论他今后的人生之路。最后,我们达成了一致意见,由他担任班级纪检委员,管理别人一定要先管好自己,用这个方法来约束自己。

其实,我当晚写信,就是要"趁火打劫",把他的情绪调动到极点,然后再来教育,这一招果然起到了效果。因为他的转变,基本宣告了班级小团伙的解体,从此我班走上了良性发展的道路。

当然,运用"趁火打劫"之计时,我们要分析学生性格,对于那些特别固执、好强的教育对象,一定要把握火候,抓准其心理特别脆弱的时机,否则会浪费精力,影响效果,甚至还会适得其反。

有人心里也许会说,好啊,没有时机,这个学生就教不好了,也不必教育了。其实,"趁火打劫"只是众多教育计策中的一种,"趁火打劫"不能用,可以用其他计策。况且没有时机,我们可以创造时机,现在科技高度发达,人的智商高度发展,连"人"都可以创造,更何况一个教育的时机呢?关键是如何去做。

其实,学生遭遇挫败或困难时,都是其心理上处于危机时刻,这时是实施"趁火打劫"之计对其进行引导或感化的最佳时刻,运用得恰当,对学生起到的教育效果是不容估量的。

"蘸满爱意的责罚"就是这样一个对教师有着启示作用的著名故事:

调皮的学生约翰·詹姆斯·麦克劳德,出于好奇,偷偷杀死了校长家的宠物狗。校长知道后,非常恼火。后来了解到其杀狗的目的是想看一看狗的内脏,嗅觉敏锐的校长认为这是一个教育的好机会。于是,他决定罚这个学生画两幅图:一幅是狗的血液循环图,另一幅是狗的骨骼图。麦克劳德知道自己闯下了大祸,很是愧疚,带着"赎罪"的心理,对校长罚他的两份特殊作业,完成得十分卖力。当麦克劳德毕恭毕敬地把画好的两张图交给校长时,校长还专门对他进行了指点,要他再进一步修改和完善。为了画好这两幅图,小麦克劳德翻阅和参考了不少生物解剖学方面的书。就这样,他渐渐地爱上了生物学。后来,他竟成为英国著名的解剖学家,并和医学家班廷一起发明了治疗糖尿病的胰岛素,由此而荣获1923年诺贝尔医学生理学奖。

校长抓住"麦克劳德知道自己闯下了大祸,很是愧疚"的时机,根据"其杀狗的目的是想看一看狗的内脏"这一因素,采取了针对性的惩罚措施,实际上是因势利导,进一步激发他对生物的兴趣,并最终成就了一位解剖学家。由此不能不说这位校长将"趁火打劫"之计运用到了至高的境界。

另外,我们要注意,对那些有心理疾病或心理特别脆弱的学生要慎用"趁火打劫"之计。进入21世纪,心理问题逐渐成为突出的社会问题。个别中学生由于病态心理而导致行为上的偏差,甚至走上违法犯罪的道路。如果我们对这样的学生用"趁火打劫"之计,可能会产生严重的后果。所以,孔夫子的"因材施教"是真理啊!我们要时刻牢记并付诸实际行动!

第六计　声东击西
——取得学生信赖、认同后再帮其改正不足

"声东击西"出自《淮南子·兵略训》:"故用兵之道,示之以柔而迎之以刚,示之以弱而乘之以强,为之以歙而应之以张,将欲西而示之以东……""声东击西"的意思是指造成要攻打东边的声势,实际上却攻打西边。这是使对方产生错觉以出奇制胜的一种战术。

《三十六计》中对其解说的原文是:"敌志乱萃,不虞,坤下兑上之象,利其不自主而取之。"意思就是:"设法造成敌方心迷意乱、无法正确判断周围出现的情况,因而不能正确而有效地防卫我方的攻击,就像《周易》的'萃'卦所述,高出地面的水泽随时会出现溃决漫地的败象。于是我方可以趁其六神无主,帅不将兵的混乱局面战而胜之。"

"声东击西"是一个在战争中被广泛运用的计策,在如今的生活中也经常使用。比如,给小孩打针时我们会用"声东击西"之计来转移其注意力,在骗子所玩的骗术及魔术师所玩的魔术中,也会经常运用"声东击西"之计。

在教育学生的过程中,除非是学生信任的老师,否则,一般情况下,老师找学生了解问题时,学生是有一定戒备心理的,此时老师若直接询问相关问题,可能得不到真实情况。如果采取"声东击西"之计,学生摸不到你的真实意图,往往会在无意中把真实情况泄漏给你。

运用"声东击西"之计时,要做到内心和行为上所表现的都是关心学生,只是在你关心的同时还要记得另外一个意图,那就是通过关心、询问了解一些实际情况,并通过了解到的情况,解决一些实际问题,从而能有效地帮助他们。

对于一些特殊学生,由于他们经常犯错误挨批评或与教师谈话,其戒备心理更重。教育这类学生时,从关心他的角度入手也不一定管用,那么我们对"声东击西"之计使用得就应该更巧妙一些。比如,我们可以事先了解该生的优点所在,找机会让其展示或发挥其优点,让他觉得你"够意思",然后,再慢慢寻找各种机会与其多接触交流,慢慢让其觉得你是可以信赖的朋友,再以朋友的身份给他提建议、谈要求,这样往往可以收到良好的效果。

在教育奇迹的产生过程中,教师的爱心固然重要,但教育的艺术不可小视。"声东击西"之计就是一种教育艺术,其"声东"的过程,即教师做好学

生的思想工作,进入学生心灵的过程,这个过程是教师充分展示教育机智,运用教育艺术的过程,是为"击西"这一目的做铺垫,是围绕"击西"而展开的,但我们又要故意避开"击西"的话题,以便达到水到渠成的效果。"击西"是我们的目的,即改变学生的坏习惯或坏品行,在"声东"过程中,我们虽然对学生教育类的话题避而不谈,使学生信任自己,亲近自己,但我们心中应一直牢记"击西"这一目的。最后,我们发现,在运用"声东"之计的过程中,"击西"的目的竟不知不觉地达到了,"教育奇迹"产生了。这就是"声东击西"策略的魅力。

张国生老师写过一篇名为《一次"声东击西"的思想教育》的文章:

在我工作的"贵族学校",学生浪费问题严重,于是我想组织一次以反对浪费、提倡节俭为目的的思想教育活动。但是,一提"思想教育",学生就会有逆反心理,影响教育效果。我决定来个"名不副实""声东击西"式的教育。

我以语文老师的身份告诉学生,口才是人生最重要的能力。还讲了两个故事:一是公元前630年郑国的烛之武凭口才退秦师,二是1994年美国前总统卡特舌战赛德拉斯,解决海地危机。

随即我布置了第一项说话内容:"说话要中心明确,条理清楚。怎样才能做到呢?采用'中心句'是一种好形式,它可以起到提纲挈领的作用。例如,课文中写百草园的'单是周围短短的泥墙根一带就有无限趣味……'。下面以此为例,请你以'我班有许多浪费现象'为中心句说一段话。"于是同学们踊跃发言,列举出了很多浪费现象,如剩饭剩菜、用馒头打人、在桌布上乱画、请同学们去酒店大吃大喝,等等。我说:"好!这些发言中心明确,条理清楚。"

接着我欲擒故纵:这些浪费现象,在穷人家是罪过,但在我们班同学身上,我很理解——我们深圳的学生家庭都比较富裕,何况我们班同学的家长中,许多是大老板,这些同学浪费的不及家长收入的万分之一……话还没说完,同学们就纷纷反驳:富裕也不能浪费!课堂秩序一时有点乱——讨论、辩论的兴趣被调动起来了。

我说:"这样吧,我们分为两方辩论:一方主张'家庭富裕可以浪费',一方主张'家庭富裕也不能浪费'。这也是我们的第二项口才训练内容。现在分别举手,亮明自己的观点。"结果绝大部分同学站在不能浪费一方,包括平时浪费严重的同学也是如此。但实力悬殊不利于辩论,也没有气氛。于是我说,我坚定地主张家庭富裕是可以浪费的。今天,我们这一方要以一当十,看谁的理由充分、雄辩。

说到理由,一时把同学们难住了,他们毕竟只是初一的学生,讲不出多少道理,也摆不出多少事实。为此我为他们出主意:你想战胜我方,必须搜集下面几方面的材料。

① 历史上哪个朝代由于勤俭而兴盛,哪个朝代由于奢侈而灭亡。

② 著名人物艰苦奋斗的事例。

③ 提倡勤俭,反对浪费的名言。

我告诉学生,你搜集到的材料越多,你讲的道理也越雄辩。搜集材料,既可以自己翻书查找,也可以请教家长、老师或其他人,更可以上网搜索。然后我们约定,周五的家长开放日举行口才比赛。

家长开放日,口才比赛按时进行了,许多家长旁听。同学们的发言热烈而雄辩。同学们讲出了大量事实和道理。

在这样的事实与道理面前,我承认"我方"落败,大家鼓掌。

然后我公布第三项口才训练题:我班有哪些艰苦朴素的同学和事例?——注意使用中心句。还让同学们当堂回答:哪些同学很少买零食、吃零食?哪些同学从来不损坏公私财物?这实际上是为了在家长面前表扬这些同学,给他们的节俭行为予以鼓励。

我也适时给同学们提供了《中国青年报》上的一篇文章——《我国高校"低消费族"成绩优异》,然后指出,我们班也是"低消费族"成绩优异,因为这次考试的前三名——郑婕、赵瑞炜、张静也恰恰是同学们评出的三位"低消费族"。

最后,我们评出了这次活动发言最积极、口才最好的同学。

这次思想教育活动的效果十分明显。浪费和损坏公物的现象大大减少了,一些家长也反映,孩子要钱和花钱都比过去少多了。还有一个家长反馈,孩子主动取消了在麦当劳过生日的计划。

我们不得不佩服张国生老师精湛的教育技术,他将"声东击西"之计运用得出神入化:为了反对浪费,提倡节俭,而以口才训练的形式入手;为了批判浪费现象,而采用辩论的形式,让学生自己收集节俭的事例和名言来批判以老师为代表的反方;为了巩固学生的认识,继续让学生以口才训练的形式说说班里勤俭的现象并评出"最艰苦朴素"的同学。这些环节既避免了学生对思想教育产生逆反心理,又调动了学生的积极性,而且环环相扣,所以取得了良好的教育效果。

在笔名为"爱上教育"的作者所写的《只要心诚,石头也会开出花来》一文中,讲述了这样一个故事:

还在孩提时期,天资聪颖的申淑敏观看朝鲜电影《卖花姑娘》时,影片中一句经典台词深深地刻在她的心板上：只要心诚，石头也会开出花来！

走上教师工作岗位之后，申淑敏便用一颗诚心来对待事业、对待学生。她从自己成长的经历中感受到，孩子毕竟是孩子，小孩子没有不犯错误的，教师应该用一颗宽容的心来对待他们，用润物无声的和风细雨去浇灌他们。所以，二十多年里，无论在她老家伊川的农村，还是在千年帝都的洛阳，她教过的学生早就数以千计，但是，她的学生中，从来没有一个人受过她的呵斥或体罚，孩子们看到她永远是一张灿烂的笑脸。

刘谦是申老师所教过的众多后进生中的一个。这个刘谦自小学四年级起就因父母常年闹离婚，加上自己看不惯班主任的做法，开始自暴自弃，经常带领一帮小弟兄喝酒闹事，聚众斗殴打群架，升入初一后经常逃课，上南京、下西安到处闯荡，桀骜不驯。为了显示自己的与众不同，他不但剃光了头，还剃光了本来很浓重的眉毛。家长丧失信心，老师无计可施，学校领导也很头疼，原来的班主任再也容忍不了这样的学生，初二时校长很难为情地把他介绍给了申老师。

了解了刘谦的情况后，申老师的第一反应是接纳刘谦，因为感化转变后进生的成功经验告诉自己，一个失败的教师只能用一种方法教育一百个学生，但一个成功的教师可以用一百种方法教育同一个学生。所以，为了能走近刘谦并能尽快取得他的信任，申老师选择了以刘谦爱争强好胜的性格为切入点，采用了"声东击西"的迂回教育策略。和刘谦最初的几次谈话，申老师都不提什么要求和希望，而是这样进行的："听说你的弹跳能力和投掷能力都很强，今天课外活动咱们班以小组为单位组织一次比赛，你看如何？""据说你的象棋下得很好，我爱人是个象棋高手，你敢不敢和他对弈？如果有兴趣，晚上我在家等你。""我会再次邀请你。"就这样，在刘谦进入申老师班的两周内，每次与刘谦交流，申老师对于学习、理想之类的话题都避而不谈，使刘谦开始信任自己，亲近自己。第二周末，申老师进行数学单元测试。刘谦的试卷上，密密麻麻，工工整整地写满了缺胳膊掉腿的字。当申老师连猜带蒙地仔细阅览完试卷后，评出刘谦的成绩只有15分，但申老师没有在他的试卷上做任何标记。因为，虽然这成绩是班里最差的，但这与他升级时的零分相比已大有进步，申老师看到了希望。于是，在放学时，申老师留下了刘谦。拿起刘谦的试卷，申老师很真诚地说："你的试卷干净整齐，说明你的考试态度很端正，所以，我想让你周日在家再做一次，周一的早上交给我，但要保密，包括你最好的朋友也不要告诉他。"星期一的上午数学课上，当申老师公布了成绩后，同学们对刘谦的85分深感怀疑并唏嘘不止。此时，一贯高傲的刘谦已心虚地趴在课桌上，而申老师不慌不忙地拿出刘谦的试卷对同学们说,请同学们传阅刘谦的试卷,看清楚成绩是否真实。当同学们确信无疑时,申老师很激动地说,看到刘谦同学有这样的好成绩,进步这么大,难道你们不应该为他高兴,为他鼓掌吗?在热烈的掌声中,申老师走向刘谦,轻轻地抚摸着他的头,深情地说:"刘谦,祝贺你,我相信在期中考试中你会有更好的成绩,将成为我们班的骄傲。"刘谦这个在棍棒下都不曾流泪的顽石此时抬起头,眼里含满了泪水,很真诚地说:"老师,我想让您给我补课。"

奇迹终于产生了。一个学期下来,刘谦居然判若两人,同学们集体推举他当班长。从此他成了申老师最得力的助手。由于他聪明好学,第一学期期末考试,他的数学成绩位居全班第一。上初三时刘谦被任命为学校学生会主席,第二学期由于他工作、学习成绩突出,被评为洛阳市优秀学生干部,并顺利考入洛阳八中。经过三年的高中苦读,他顺利考入了石家庄陆军学院。由于在校成绩优异,毕业后分配在中南海工作。

正是由于申淑敏老师用爱心对待刘谦,巧用"声东击西"的教育策略帮助刘谦,所以才使得刘谦一步步信任申老师,亲近申老师,并最终受到激励和感染,促使教育奇迹的产生。申老师用自己的行动阐释了"声东击西"这一策略的魅力。

运用"声东击西"这一策略取得良好教育效果的案例还有很多,我们在教育教学过程中要多学习、多借鉴、多揣摩,这样我们也会成为富有教育艺术的人。

第二套　敌战计
——巧用有利形势

《三十六计》对"敌战计"的解说："处于势均力敌态势之计谋,或跃于渊。""敌战计"意指要在敌我双方对峙的情况下有意识地主动创造有利于我方的条件和时机,造成敌方的错觉,使之处于被动,受制于我。此套计策共包含无中生有、暗度陈仓、隔岸观火、笑里藏刀、李代桃僵、顺手牵羊六个计策。其在如今的商战中也被广泛运用,成为制胜法宝。

此套计策要求我们在教育教学中面对学生的问题时,应该创造有利形势对学生进行教育,具体参见下面对六条计策的使用介绍。

第一计　无中生有
——用心理暗示调动学生使其达到良好的状态

"无中生有"出自老子的《道德经》："天下万物生于有,有生于无。"道家认为,天下万物生于有,有生于无。把没有的说成有。比喻毫无事实,凭空捏造。

其古兵法原文为："诳也,非诳也,实其所诳也。少阴,太阴,太阳。"今义为："运用假象欺骗对方,但并非一假到底,而是让对方把受骗的假象当成真相。把小假象发展到大假象之后,借以掩盖真正的大行动。"

"杯弓蛇影"的故事想必大家都知道,"无中生有"的"蛇"让喝酒者大病一场,可见"无中生有"也能对人的心理产生巨大的影响。如果积极利用"无中生有"的计谋,则会起到积极的作用。

《北梦琐言》中就记载了这样一个故事:

唐朝时,京城一位名医给一位妇女看病。这位妇女的病因是随丈夫到南中(今云南、贵州和四川西南部)时误吃了一条虫子。从此心中便时时生疑,并因此患病,久治不愈。名医了解情况后,叫来这位妇女身边的一位口风很紧的女仆,说:"我准备用药让你家夫人吐泻,呕吐时,你便拿痰盂接好,到时你便说看到一只小蛤蟆蹦走了,但千万不能让夫人知道你在欺骗她。"女仆按医嘱做了,那夫人的病果然就好了。

在这个故事中,医生就是采用了"无中生有"的计谋治好了病人的心病。由此可见善意的欺骗也是一种美丽。我们教师所要进行的教育活动,更多的是在医治学生的心理。因此,这种无中生有、以虚达实的善意的欺骗,在教育中的作用也是具有独特魅力的。

著名的"皮格马利翁效应"也证明了教育过程中"无中生有"计策的重要性。

1968年,美国著名的心理学家罗森塔尔和雅各布森来到美国的一所小学,做了一个有趣的实验。他们从1~6年级中各选了三个班级,对18个班的学生煞有介事地做发展预测。然后以赞赏的口吻将"有发展可能"的学生名单通知有关教师,名单中的名字有的在教师的预料之中,有的则不然。罗森塔尔强调:"请注意,我讲的是他们的发展,而不是现在的基础。"他还叮嘱名单不得外传,否则会影响效果。8个月后,他俩又来到18个班进行复试。结果名单上的学生的成绩比其他的同学增长得快,学生活泼开朗,求知欲旺盛,与教师的感情也特别深。

原来这一次实验的名单纯粹是随机抽出来的。他俩权威性的谎言暗示了教师,坚定了教师对名单上学生的信心。教师对学生的格外关怀使学生更加自尊、自爱、自强、幸福、快乐。这就是著名的"皮格马利翁效应"。

由此可见,"无中生有"之计谋主要是运用心理暗示对学生进行教育,其本身是一种心理现象,它存在于教育活动中,并成为决定教育成败的重要因素之一。教育中"无中生有"的心理暗示是指通过教育者的精心设计,使受教育者处于无对抗状态中,并以含蓄、间接的方式向受教育者发出教育信息,从而对他们的心理和行为产生积极影响的教育活动。

曹操之所以能够成就一番大业,原因之一是他善于把握将士的心理。《世说新语·假谲》中记载:"魏武行役失汲道,军皆渴,乃令曰:'前有大梅林,饶子,甘酸可以解渴。'士卒闻之,口皆出水,乘此得及前源。"这就是著名的望梅止渴的故事。魏武帝曹操之所以能够在士兵们极度干渴的情况下完成行军,是因为他抓住了士兵们的心理,运用了"望梅止渴"法,这实际也是一种"无中生有"的计谋。这种方法在教师教学工作中可以起到非常重要的作用,下面就"无中生有"计谋中的"望梅止渴"法做简单介绍。

教师工作离不开心理工作,尤其身为班主任必须充分掌握学生心理,有针对性地进行教育。自接班之日起,要领着学生走过一段学习生涯,这就相当于一趟"行军"。在此"行军"过程中,绝大部分同学是积极上进的,他们希望自己成为各方面都优秀的好学生。然而,在实际的学习生活中,因主观或客观原因,可能导致他们的愿望落空,这样便会使他们情绪低落,积极性下降。这时我们应抓住并充分利用这一时机,实施"无中生有"的计谋,采取"望梅止渴"法,激发学生的上进心,帮助他们顺利抵达终点。

当然,班主任应注重班级管理工作的整体效应。因此,班主任可根据本班的实际情况,制定最终目标和各阶段的小目标,引导学生去逐步实现。学生在最终目标面前,可能会觉得高不可攀,而在他们的内心深处又是渴望达到的。因此,我们便可以利用学生的这种心理,制定各阶段的近期目标,在其觉得长远目标难以达到而"渴极"之时,肯定其所达到的近期目标,并阐明其与远期目标的关系。这样学生便会"望梅止渴",保持奋发学习的劲头。且学生把心思放在学习上后,他们就会有一种充实感,言行也会逐步规范化。

那么,怎样才能使"望梅止渴"法落到实处呢?

首先,必须调动全体学生的积极性,培养和增强学生的集体荣誉感。德国的第斯多德曾说过:"教学的艺术不在于传授的本领,而在于关心、激励、唤醒、鼓舞。"作为班主任,利用专门时间或课余时间进行师生对话、个别谈心,为学生庆祝生日,开展主题鲜明的班级活动、文娱活动以及家访活动等,都是激发学生积极向上的好的方式。事实证明,只有调动了学生的积极性,才能使这个集体产生强大的凝聚力,才能使这个班的班风逐渐优化,才能使这个班的教育教学工作收到良好的效果。正如苏联教育家马卡连柯所说:"这样一来,我们就教育了集体,团结了集体。以后,集体自身就能成为很大的教育力量。"只有做到了这一点,"望梅止渴"法的实施才算有了基础。

其次,必须制定切实可行的配套措施,要严格实行并持之以恒。没有规矩不成方圆,为了让学生达到预期的目标,必须根据班级具体情况制定班规班纪,使班级管理有章可循。这样有利于从各方面严格要求学生,使学生得到全面发展,使"望梅止渴"法真正生效。

再次,还必须进行阶段性总结,根据实情调整目标。苏联教育家苏霍姆林斯基说道:"只有能够激发学生去进行自我教育的教育,才是真正的教育。"班级要安排值日生每天对班级相关情况进行记载,对班级记载要周清月结;学习上实行过关制,并进行周小结及采取适当奖惩的措施。进行阶段性总结,就是激励学生进行自我反省,找出不足,发扬优点,再接再厉,向着一个个目标冲刺,最终使自己和集体达到更长远目标。

最后,实施"望梅止渴"法应注意:不要因为一时未达到预期效果而丧失信心，这样极易产生负面效应；不要把目标定得太高，要切合实际，否则会挫伤学生的自信心。苏霍姆林斯基告诉我们："孩子们的精神生活、世界观、智力的发展、知识的巩固和对自身力量的信心，都有赖于乐观愉快的性格和朝气蓬勃的精力。"故此，我们要培养学生乐观的性格，让学生始终充满信心。要做到这一点，必须遵循因人施教的原则，采用分层推进的方法，让学生蹦起来可以吃到果子，尝到甜头，但也不要走到另一极端，即在学生达到，甚至超过预期目标后得意忘形，放松要求。如果那样，同样会导致失败。

总之，"望梅止渴"法就像让长途行驶的车辆，在一个个加油站加油后，保证下一程顺利地前行。如果做到了上面所谈的各方面，那么，师生共同参与的学习旅程，一定能得以圆满顺利地完成。

"无中生有"之计运用于个人，取得良好效果的例子比比皆是。而其中就有这样一个比较著名的故事：

美国黑人罗杰·罗尔斯在就任纽约州州长的记者招待会上没有讲他的奋斗史，只向人们深情地讲述了他的小学校长皮尔·保罗。那年皮尔·保罗担任纽约州黑人聚居区大沙头诺必塔小学的董事兼校长，他发现这里的孩子无所事事，旷课、斗殴，甚至砸烂黑板的行为已成为家常便饭。一天，当一个小孩从窗上跳下来，伸着小手走向讲台的时候，被校长皮尔·保罗看见。皮尔·保罗慈祥地抚摸着小孩子沾满灰尘的小手："我一看这修长的小手指就知道，你将来就是纽约州的州长。"当时，这个孩子大吃一惊，调皮捣蛋不但没有挨批评，而且长这么大，只有他奶奶让他振奋过一次，说他可以成为五吨重的小船的船长。这一次，竟说他可以成为纽约州州长！他记下了这句话。从那天起，纽约州州长就成了飘扬在这个小孩子精神领域上的一面旗帜，他处处用州长的标准要求自己：他的衣服不再沾满泥土，语言不再污秽，走路也挺直了腰杆，后来成了班长……直到纽约州州长。当年的这个小孩儿便是罗杰·罗尔斯。

正是因为当初校长"无中生有"的赞美，使小罗杰·罗尔斯找到了自己的人生方向，从而使他的一生得到了彻底的改变，最终成就了他成为州长的梦想。

很多事情要做好，其实离不开赞美。英国首相丘吉尔说过："你要想别人具有怎样的优点，你就要怎样去赞美他。"因此，我们不仅要赞美孩子的进步和闪光点，有时还要"无中生有"地赞美孩子，用赞美培养出我们希望看到的孩子应具有的优点。这样我们的教育就更容易成功。

第二计　暗度陈仓
——以有趣的形式展开活动以达到隐含的教育目的

"暗度陈仓"出自司马迁《史记·高祖本纪》。公元前206年，刘邦派大将军韩信杀回咸阳。韩信特意日夜赶工修复栈道，项羽的守军以为这里就是他们的进攻路线，便将主力部队调到这里防守，而韩信却突然袭击夺下了陈仓。这就是成语"明修栈道，暗度陈仓"的来历。它的意思就是指正面迷惑敌人，而从侧翼进行袭击。

《三十六计》中对"暗度陈仓"之计解说道："示之以动，利其静而有主，'益动而巽'。"意思就是说："正面或公开地在敌人面前显示精心编造的假动作，吸引敌方注意甚至展开重兵防卫，有利于使暗中进行的真正的大行动不被敌人发现。增加许多假动作，是为了保障真行动取得进展和成功。"

许多将军曾用"暗度陈仓"之计出奇制胜，那么在教育中如何运用"暗度陈仓"之计呢？

首先，我们必须"明修栈道"，即精心编造假动作，吸引对方注意。比如，在讨厌擦洗身子的小孩的澡盆里放一些小玩具，并引导其做游戏，在其投入游戏之中时便可以顺利地完成对他（她）的擦洗。对大一些的学生，我们也可以做到这一点，所谓"寓教于乐"的教育方法，实际也就是运用了"暗度陈仓"之计。"乐"就是栈道，而"教"就是陈仓。通过表面快乐的活动，达到暗含的教育效果。

其次，我们必须要有明确的目标，一定要围绕"暗度陈仓"去"明修栈道"。比如，组织学生开展国学背诵接力赛、班级背诵对抗赛等活动，学生在竞赛中不仅感受到了乐趣，我们的目的——让学生了解我国文化遗产，便在有趣的竞赛中不知不觉地达到了。

实际上，在教育教学过程中，在帮助学生改掉不良习惯这一问题时，我们所用的"代币制"就是运用了"暗度陈仓"之计。代币制是行为主义心理学家进行行为治疗的一种疗法，属于正强化的一种特殊形式。只要患者做出预期的行为反应，就可获得奖励。用作奖励的代币指的是在某一范围内可以兑换奖励品的"证券"，它可以有多种简单的形式，如小铁牌、小红旗、信用卡等。治疗者用代币作为奖赏，强化患者的目标行为，然后患者可以用代币去换取自己所希望或喜欢的东西。一段时间后，患者就能建立起治疗者所期望的行为，并逐步形成习惯。这些所谓的"代币"就是"栈道"，而不良习惯就是"陈仓",我们通过"代币制"改变学生的不良习惯就是"明修栈道,暗度陈仓"。

另外,我们在管理中实行的量化考核、小组竞赛等以及我们制定奖惩措施并付诸实施均是运用了"暗度陈仓"之计。

广西南宁三十八中劳尔老师记载了一个名为"批评要迂回启发"的案例:

我班有一名学生郭××,顽皮捣蛋,无心向学,常与外面的不良分子混在一起,讲求吃喝玩乐,成绩排倒数第一名,学年考试后,成绩依旧,于是打算不读书了,假期到外面打工。一个月换了几个雇主,后来在现实面前,在亲友教育下,要求回校读书。回校后,我利用班会,请他在班上谈谈"工作"感受,下面是我们一问一答的节录。

问:"你为什么频频换工作?"

答:"第一次,每月才300元,每晚加班到凌晨2:00点,太辛苦了,自己不干了;第二次,迟到了10分钟,被老板'炒'了;第三次,当摩托车学徒,但自己连说明书也看不明白,不知怎样去干活,干了几天就走了。"

问:"做工期间,你最怕什么?"

答:"最怕打架,一些'老友'常因小事打得头破血流,一不小心得罪了别人就会被打。"

问:"为什么回来读书?"

答:"读书才会找到好工作,外面挣钱很困难,父母养我不容易。"

问:"你有无信心遵守纪律?"

答:"有。因为什么地方都讲制度,不遵守就不受欢迎。"

劳尔老师为了教育同学们,不直接讲道理,而是利用郭××假期打工经历这一资源,通过一问一答的形式,在引导下使其将感受讲出来,使同学们通过了解身边真实而生动的故事而深受教育,而郭××在教师的引导下也深受教育。老师询问郭××同学的经历和感受就是"明修栈道",而同学们内心受到的触动和教育就是"暗度陈仓"。由此可见劳尔老师使用此计的高妙之处。

"暗度陈仓"之计还可用在平时对一些具体事务的处理上,山东临沭县教育局的马际娥老师在《当学生不擦黑板时……》一文中,列举了当学生不擦黑板时,老师的一些应对措施,其中的第五种措施便是"暗度陈仓"之计:

教师恳切地看着一位同学说:"请问,我可以请你帮助老师做一件事吗?""当然可以,老师。""老师先谢谢你。那么,现在你可以先为大家把黑板擦一擦吗?""可以。"学生痛快地把黑板擦干净后,教师亲切地说:"我代表同学们感谢你给我们的教学带来方便。""不用,这是我应该做的。"学生心里美滋滋的。同时,大家也明白了,擦黑板不是给老师擦的,而是我们应该做的一件事。

在这个案例中,老师请同学帮忙擦黑板就是"明修栈道",而让大家明白擦黑板是同学们应该做的一件事就是"暗度陈仓"。老师这样做,既尊重了学生的人格,给了学生赞美与关爱,又达到了教育学生的目的。能达到这样效果的教育策略,我们何乐而不为呢?

"暗度陈仓"之计在教育教学中的运用是较为广泛的,希望我们能充分发挥其作用,在教育工作中取得更大的成绩。

第三计 隔岸观火
——放手引导学生在体验中获得教育

"隔岸观火"出自唐朝乾康《投谒齐已》:"隔岸红尘忙似火,当轩青嶂冷如冰。"意思是隔着河看对岸的火,比喻对别人的危难不予援救而在一旁看热闹。

其古兵法原文是:"阳乘序乱,阴以待逆。暴戾恣睢,其势自毙。顺以动豫,豫顺以动。"意思是:"当敌方内部矛盾趋于激化,秩序混乱的时候,我方应该静观事态的发展。等其内部局势更加恶化,反目成仇,甚至是暴乱,势必自取灭亡之时。我方则根据敌情来设定计谋,见机行事,这样就定能坐收渔利。"

当初曹操打败袁绍后,袁绍的儿子袁尚、袁熙带领几千骑兵,逃到了离中原很远且不服从曹操号令的辽东太守公孙康那里。等到曹操收服乌丸后,有人劝说曹操乘机征讨公孙康,那样就可以一举擒获袁尚兄弟。曹操说不必劳烦兵马,公孙康会斩掉袁尚和袁熙的头送过来的。曹操领兵回去不久,公孙康果然送来了袁尚、袁熙的首级。曹操解释了原因,说公孙康向来就害怕袁尚等人,如果我急着攻打,他们必定会联合起来,而我不理睬,他们就会互相图谋。有人说,这就是"隔岸观火"之计啊!

"隔岸观火"之计运用到教育上也有其重要意义。无论是对学生进行德育教育还是课堂授课,教师都要有"隔岸观火"的心态,要尽量放手,让学生自己去经历、体验。同时,教师也要明确自己的主导地位,要和曹操一样,能够把握"局势":既要达到锻炼学生的目的,又不能"烧伤"学生,起了反作用。

1988年，美国的黄石公园遭受了一场火灾，当时公园管理人员任由其自生自灭，结果三分之一的森林被烧毁了。10年后，人们发现那次大火给公园带来的积极影响超过了消极影响：体现了物竞天择的大自然生存规律，土地变得更加肥沃，更多的物种从此得到了新生。同样，在成长过程中，每个孩子也要经受磨炼。因此，每个教育工作者及孩子的父母必须学会"隔岸观火"，让孩子保留自己成长的空间。

　　2006年第5期《家庭》介绍了一位被全国妇联等九部委联合授予"为国教子、以德育人好家长"称号，只有初中文化的下岗女工唐英。她虽没有多少文化，却能用自己的行为诠释着教育的真谛。她的聪明之处在于"甩手"，孩子能自己做的就必须给他机会，能自己体验的绝不空洞灌输而是靠他自己感悟。她的聪明之处更在于具有观察及掌握"火候"的本领，什么时候不再甩手，什么时候应该帮助孩子，做得是那么的恰到好处。"隔岸观火"这一计谋被这位普通妇女演绎得自然洒脱，精彩无比。

　　体育路小学的俞国凤老师在《"隔岸观火"也是爱的教育》一文中写道：

　　从教十余年，一直担任班主任工作，班级内学生中的"起火"事件并不少见，我是扮演了"竭力扑灭"者，还是"隔岸观火"者呢？细细想来，真是别有一番滋味在心头。就说我现在所任教的班级吧，有几个挺有思想的孩子，大事小事爱钻牛角尖和你理论。课堂上经常能看到师生针锋相对的场景，面红耳赤，时常闹得不欢而散。现在的孩子确实不好对付。慢慢地，我也在思索，尝试着改变风格，把教育中的问题和矛盾抛给他们讨论解决，自己则"隔岸观火"，适时给予点拨和协调，没想到许多问题都迎刃而解。我又继续尝试着，使班级辩论会、一月学习点击、师徒结对学习、复习经验会等活动都成了班内解决众多困惑和问题的有效途径。作为老师的我感觉比以往轻松了许多，更欣慰的是我还发现了许许多多学生未曾展示过的精彩的一面。其实，只要我们在恰当的时机能做到"隔岸观火"，做事顺其自然，学生矛盾就能自然化解。在学习过程中，有些教师耐不住性子，看到学生争论，便直接把答案告诉学生，这对学生是很不利的。我们应该运用"隔岸观火"之计，让学生自己讨论得出答案。因为，同样的答案，得来的过程不一样，背后的思维支撑也是不一样的。运用"隔岸观火"之计，就是还时间与空间给学生，使学生的思维得到充分训练。

　　由此想到了在学校班级开展的各种活动中，我们就应该多给学生一些机会。让孩子们忙起来，使他们增强应对困难的能力，让老师们闲下来，只做必要的指导。或许我们看到的场面不那么辉煌，孩子们的表现也不那么出色，但他们却是真真切切地参与了。经过了亲身的体验，不论酸甜苦辣，都应该是孩子成长中的宝贵财富。当然,教师"隔岸观火",还应具备分辨"火势"的本领,能够弄清楚哪种火是孩子需要的,哪种火可以让其百炼成金,在这种火面前,育人者就可以放心地在一旁静观火势;哪种火是孩子无法承受的,就要早早把孩子拉到岸上一同观火,增长见识的同时也要确保孩子身体及心理的健康发展。

俞国凤老师结合自身经历,从自己的亲身体会出发,比较深刻独到地讲解了"隔岸观火"之计对教育孩子所起到的作用。其实质就是我们一直倡导的"以学生为主体,以教师为主导"的教育思想的具体体现形式。因此,要运用好此计,还要充分学习现代教育理念。

在教学过程中,我们也应适当运用"隔岸观火"之计,否则也会起到相反的效果。

在《不该遗失的教学追诉——从外国专家两评中国教师的课堂教学想到的》一文中,作者举了两堂课的例子:

在一堂历史课上,教师把整节课放养式地交给学生,教师在整堂课上几乎没有发表意见,评课时美国专家的"老师到哪里去了?"这样的一句话,让在场的中国专家和活动组织者及授课者无言以对。另一堂课环节紧凑,师生配合默契,课堂结束时教师问道:"同学们还有问题吗?"学生异口同声地回答:"没有了!"老师带着胜利的微笑说:"下课!"在评课的时候,美国专家一脸不解地问:"既然学生没有问题,还需要教师干什么?"

在第一堂课中,教师是彻底地"隔岸观火",没对学生起到引导作用,这样事不关己的课堂效率可想而知。而第二堂课教师把学生的所有活动都圈定在规划之中,是彻底地抛弃了"隔岸观火",压抑了学生自己的观察、体验、探索,这对学生的发展也是不利的。

因此,我们在教育教学中既要充分运用"隔岸观火"之计,充分调动学生,给他们经历磨炼的机会,又要把握适当的度,站在主导地位,把控引导好学生。这样,我们的教育才能成为真正高效的教育。

第四计　笑里藏刀
——用和善的态度帮学生"砍掉"身上的毛病

"笑里藏刀"形容对人外表和气,却阴险毒辣。这个成语出自后晋刘昫《旧唐书·李义府传》:"义府貌状温恭,与人语必嬉怡微笑,而褊忌阴贼。既处要权,欲人附己,微忤意者,辄加倾陷。故时人言义府笑中有刀。"

"笑里藏刀"之计的古兵法原文:"信而安之,阴以图之。备而后动,勿使有变。刚中柔外也。"其含义:"使敌方充分相信我方,并安然不动,麻木松懈,在暗中却谋划克敌制胜的方案,经过充分准备后,找准时机突然行动,不让敌人察觉而采取应变措施,这就是所谓的外表友善,内藏杀机。"

该计策的最大特点就是运用广泛,而且可以无师自通。笑容本是人类一种美好的表情,俗话说双拳不打笑脸人,"笑里藏刀"之所以能够成为一个屡试不爽的计谋,是因为他击中了人性中最常见的弱点。当初越王勾践被吴王夫差打败后,甘愿到吴国服侍夫差,每天笑对夫差,鞍前马后不辞辛劳,甚至亲自尝试夫差病后的大便以明了病情。获释回国后,他表面上以不断进贡、献美女等方式来表忠心,实际上抓紧富国强兵准备复仇,还卧薪尝胆警醒自己。勾践正是用这种表面示好,实则暗藏杀机的"笑里藏刀"之计,最终一举灭掉了吴国。

运用到教育上,我们的"刀"针对的敌方不应是学生本人,而应是其身上的错误和不足,我们要笑对我们的学生,将笑作为武器,用和善的态度尽到责任,表达关爱之心,用微笑、祝福、表扬、尊重来代替训斥和惩罚,运用诚恳和耐心帮助学生"砍掉"身上的毛病。"笑里藏刀"之计往往比严厉的批评和惩罚更有效。

陶行知先生教育学生的"四块糖果"的故事应该众所周知。陶行知先生制止两个打架的学生后,请拿砖头的学生到他的办公室去。陶先生让学生坐下后,微笑着拿出一块水果糖说:"这是奖励你的,因为我让你来,你反而比我先到了。"学生听后一脸困惑。接着,先生又拿出第二块水果糖说:"这也是奖励你的,因为我让你停下来,你马上就停下了,表示对我的尊重,我应该感谢你。"学生听后更加不解其意。先生又拿出第三块糖说:"与你打架的学生是一个经常欺负女同学的学生,我对你的侠义精神表示敬意。"这时那位学生已经泣不成声了:"先生,不管怎么说,我用砖头打人是不对的……"先生拿出了第四块糖说:"你已经认识到自己的错误,咱们的谈话也应该到此结束了……"

陶先生用"笑里藏刀"之计,没有空洞的说教,而是引导和尊重,却能够使学生的心灵受到触动,这远比狠狠地批评学生更有效果。

赏识教育的倡导者周弘也是运用"笑里藏刀"之计的高手,他提出了"豆腐嘴,刀子心"的主张,并在他的聋童幼儿园管理中亲自实践。《素质教育在美国》的作者黄全愈对他儿子矿矿也使用过"笑里藏刀"之计。当时黄全愈和儿子商量,希望把刚买的两件一模一样的玩具送一件给别人,儿子不同意,他提醒儿子别后悔,儿子说不后悔。随即黄全愈则买了一个非常漂亮的玩具小熊准备送人,儿子眼泪汪汪地想据为己有。可黄全愈却告诉儿子,说好了的事就不能后悔。从此之后,儿子学会了和小朋友分享玩具。

美国教育家巴士卡利亚说:"把最差的学生交给我,只要不是白痴,我就能把他培养成优等生——妙方就是赞扬和鼓励。"苏霍姆林斯基说:"生命既是一种强大的生命力,同时也是一种脆弱极易损伤的珍品,有时只要一句冷酷无情的话,就足以扯断一根纤细的生命线。"因此说对人的伤害最大的莫过于言语,因为言语伤害往往触及心灵。正如美国心理学家卡洛琳·奥林奇认为:"有些言语和行为能给脆弱的心灵带来创伤,且这种伤痕会伴随人的一生。"

作为教师,如果平时能注意自己的语言和态度,对学生的教育效果会有很大的不同。作为学生,他们除了要学习知识,还要学习如何端正思想品德及为人处事方面的内容,学生在成长过程中很容易受环境及他人影响而做出错误的判断或行为,这时就需要老师的正确引导。正是由于我们耐心地帮学生纠正错误,帮助他们正常成长,才体现出了人民教师所负使命的光荣与神圣。因此,我们要笑着面对学生,尊重学生犯错的权利,珍惜他们宝贵的经历,从内心去包容他们。这样我们的"笑里藏刀"才能真正感染学生,促使学生和他的错误及不足及早"一刀两断"。

2007年9月10日的《广州日报》中有一篇题为《美女老师"笑里藏刀"》的文章,具体内容是这样的:

刚刚走上教师岗位满一年的施慧老师,绝对算得上是一位美女。记者眼前的她,一袭白衣长裙,脸上洋溢着青春的笑容。这么一名小姑娘,如何能够管住一大帮桀骜不驯的90后高中生?施老师自有她的必杀技,那就是"笑里藏刀"。

每次上课前,她总要想几个"包袱",然后在课堂上有意无意地抖出来,引得同学们哄堂大笑,自己也会乐在其中。这样一来,课堂氛围活跃了,学生在舒畅的情绪中记牢了知识要点,而施老师也渐渐凭借着这种亲和力跟学生打成了一片。

施慧分析,笑的背后,是一种平等和尊重。90后的学生个性十足,桀骜不驯,知识面也更广。"他们总觉得自己做的是对的,并试图用行动证明给你看。"施老师表示,在这种情况下,如果还是板起脸来教训学生,不仅说服不了他们,反而可能适得其反,激起学生的逆反心里。如果你换一种方式,笑脸相迎,用商量的口气与学生交流,效果就会好很多。

"老师一定要做一只'笑面虎',不能让学生猜透你的脾气。"但施老师坦言,简单的一个笑容并不能化解一切,需要时也必须"恩威并施"。遇到棘手的问题,她还会向经验丰富的老教师请教。"要成为一个具有威慑力的'麻辣教师',我才刚刚上路呢。"施老师笑言。

施老师的工作能取得成效的绝招就是"笑里藏刀",她笑对学生,赢得了学生的好感,形成了一股亲和力,她用一种协商的口气与学生交流,自然让学生感受到了她的诚恳和爱心,所以在她的笑声中不知不觉地砍掉了自己的缺点和不足。施老师年纪轻轻就能把"笑里藏刀"的教育策略运用得如此到位,真是不简单。

"笑里藏刀"是教师的"法宝"。如果教师能笑对一切,那么我们的教育教学工作就成功了一半,因为笑容是世界上最有效的武器。莎士比亚说:"一句称赞相当于我十天的口粮。"特别是班主任,应在日常的学习生活中努力寻找学生的闪光点,想方设法挖掘学生的潜力,并及时给予学生肯定、鼓励和赞扬,在班级里营造正气,带领同学们形成积极向上的氛围。那样,我们的"笑里藏刀"才能发挥出更大的作用。

第五计　李代桃僵
——牺牲次要内容换取整体的提高

"李代桃僵"一词出自南宋郭茂倩《古乐府诗集·鸡鸣》:"桃生露井上,李树生桃旁。虫来啮桃根,李树代桃僵。树木身相待,兄弟还相忘。"原意是李树代替桃树受害虫的噬咬,比喻兄弟要像桃李共患难一样相爱相助。

作为三十六计之一,其兵法释义原文:"势必有损,损阴以益阳。"这里的"阴"是指某些细微的、局部的事物,"阳"是指整体意义的、全局性的事物。全句的意思是:当形势发展到必定会有所损失的时候,就要设法以牺牲局部利益的方式保存全局利益。

历史上较著名的、巧用此计的故事很多,其中"田忌赛马"不失为较典型的故事之一。在田忌的马整体上不如齐王的情况下,孙膑告诉田忌用下等马对齐王的上等马,用上等马对齐王的中等马,用中等马对齐王的下等马。结果他们用第一场的失败换取了整体比赛的胜利。另外,"赵氏孤儿"的故事中,程婴也是运用了"李代桃僵"之计才让赵氏遗孤获救的。

将此计运用到教育教学上,就是要学会抓主要矛盾,学会牺牲次要的内容从而促进整体水平的提高。特别是面对当前中国的教育现状,我们要根据学生的实际情况帮助他们充分发挥优势,同时避免弱势的方面过分拖后腿,保证学生整体水平的正常发挥。

刚到华南师大嘉玛学校时，我班有一位叫熊×的同学，他语文水平比较高，多次发表文章，每次考试语文成绩都名列前茅，但他的数学水平却较差，每次数学作业都难以按要求完成。针对这种情况，我告诉他可以根据老师布置的内容自己选择性地完成或不做语文作业，腾出时间多钻研数学问题，并多请教老师或成绩好的同学。结果他的语文成绩虽然略有退步，但数学成绩得到了较大幅度的提升，为他的高中学业打下了坚实的基础，最后考上了重点大学。这就是合理运用"李代桃僵"之计所达到的良好效果。

再如，在学习数学的过程中，我们会发现部分拔高题并不是所有学生都能掌握的，且花费大量时间却收效甚微。面对这种情况，我们应该明白，与其花费大量时间让学生去训练这类毫无把握的拔高题，还不如让他们去牢固地掌握常见题目，这样他们的整体成绩也不会差。

在教育学生的过程中，也要让学生分清主次，学会运用"李代桃僵"之计。比如，违反了纪律，是撒谎蒙混过关还是诚实地认错呢？撒谎蒙混过关其实就是耍小聪明，最终会被别人否定你的人品。而诚实地认错虽然当时较尴尬，但于己会改过自新，于人会得到信任。诚实地认错实际就是用当时的窘迫与尴尬换取自己的成长和别人的认可。

很多名人，就是因为运用了"李代桃僵"这一方法，而使自己的工作或事业获得了大的丰收。

比如，当初沈从文先生在青岛大学初上讲台时，紧张地说不出话来，他随即转身在黑板上写下"请等我五分钟"。这对于沈先生来说是很尴尬窘迫的事情，但他用如此诚恳的态度勇于面对，从而赢得了学生的心，后来他温文尔雅的风度被人传颂至今。

又如，王小平读高一时，在成绩一直是全班第一的情况下，通过慎重考虑和比较选择，她毅然放弃了人人向往的大学之路，根据自己确定的课题，潜心研究教育学、成功学。17 岁她便登上讲台，在全国性的教育学术研讨会上给专家学者作学术报告，18 岁在高校开办教育系列讲座，19 岁便与人合著具有中国特色的巨著《大成奥秘——超越美国成功学》，20 岁出版了《本领恐慌》，21 岁又写出了挑战世界未来学大师托夫勒，策划人类未来的奇书——《第二次宣言》。如今，王小平已经成为探讨世界大问题的小生命，跻身世界大人物中的小仙女，成为惊世骇俗的传奇人物。

王小平失去的是平常人上大学的机会，但她运用此时机取得的成就又有多少人能企及呢？

沈从文先生和王小平女士都是善用"李代桃僵"之计的聪明人。

在卞青老师所写的《一只美丽的蝴蝶》一文中，具体展现了"李代桃僵"

这一教育策略的意义：

　　星期一早上，学生到校后，按照惯例举行升旗仪式。我来到班里组织学生站队。我走在队伍的中间，刚下楼梯，便看见我们班同学王毅离开队伍，去追旁边的一个女同学，并去踩她的脚。我当时很气愤，心想他怎么这么不守纪律？我跑上前去拉住他问："你怎么回事？"他理直气壮地回答："她把我的鞋踩下来了！"我压住火气，先让他站到队伍里举行升旗仪式。

　　升完旗，回到班里。我把王毅和那个女生叫到前面，问到底怎么回事，并请全班同学当评判员。原来那个女生站队挨着他，不小心踩了他的鞋。那女生没留意，也没来得及说对不起。我说："现在你应该怎么办？"那女生很诚心地对王毅说了声对不起。本来我认为互相道歉就没事了，何况王毅也做得不对。谁知王毅不领情，于是我说："别人都给你说对不起了，你应该怎么办？"他犹豫了一会，说："老师，要是我踩她的鞋呢？"这问题问得让人哭笑不得。看来王毅还是不服气，他倔强、爱钻牛角尖的问题又出现了。他是我们班很有个性的一个孩子，思维和普通孩子不同，上课时他也喜欢和你唱反调。正是因为他这样的性格，所以时常会在班上闹些小插曲。这时，下面的评判员们纷纷举起手来，你一言，我一语："你应该说没关系。""同学之间要互相谦让。""要和睦相处。""不要斤斤计较。"同学们说得多好啊！可对王毅来说讲不通，他认为自己受到了伤害就得还回来，不能吃亏。看来他的个人观念根深蒂固。

　　正在大家不知所措时，不知谁叫了声"蝴蝶"。我心想谁又要捣蛋，哪来的蝴蝶。我闻声看去，真有一只漂亮的蝴蝶，黑底橘红色花纹，在窗户的玻璃上停下。这真是少见，这时教室里一片喧哗，乱作一团。看来想讲课是不行了。我灵机一动，说："嘘，同学们，让我们一块欣赏一下这只蝴蝶的舞姿。"同学们顿时安静下来，看得很认真、很仔细。本来窗户是半开的，我让学生悄悄地把窗户关上多观察一会。观察一会儿后，我提议："同学们，我们可不可以把它放了？"同学们回过神来，异口同声地说："可以。"我打开窗户，可蝴蝶还是不停地朝着那块玻璃的亮光处向外撞，过了一会，它才换了方向朝窗外飞去。我提问："同学们，你们看到这一幕想到什么？""它很傻。""它很笨。""光朝一个方向，不会转弯。""不会变化。"我说："是不是这只蝴蝶也爱钻牛角尖啊？其实，你退一步，你的空间就很大了，就像蝴蝶寻找到了出路。在我们的生活中，有时我们只认自己的理，不会替别人着想。如果你换一个思路，就会有另一个局面。心里的不愉快也就没了。希望同学之间互相尊重，和睦相处，能换位思考，学会宽容。"我问身边的王毅："你说呢？"他不好意思地点点头，对身边的女同学说："我也对不起你。"顿时班里发出热烈的掌声。

我想班里没上成课也算值了,因为教育得抓住时机,抓住同学们的心理,效果会事半功倍。

从以上案例来看,卞老师表面上好像损失了一节课的时间,但她用一节课换来了同学们对生活中"蝴蝶现象"的观察,并由此引导学生领会了为人处世的道理,重要的是让特别固执的王毅同学也认识到了自己的错误。这就是"李代桃僵"之计的妙处。

培养学生自主探索学习的能力显得尤为必要,如今甚至已经成了全体教育者的共识,但落实到具体教学工作中,往往有些老师担心浪费时间,于是直接教给学生方法或答案的做法,对学生的长远发展是不利的。其实,在教学过程中,我们应该尽量培养学生自己探究的能力,让学生在探究中得出方法和结论。这在开始可能会耗费较多的时间的,但只要学生养成了习惯,将会对他的以后发展起到巨大作用。这实际也是运用了"李代桃僵"之计。

总之,"李代桃僵"是值得教师深入研究的一种方法和技巧,如果充分并恰当地运用,必定会使我们的工作大为受益。

第六计　顺手牵羊
——抓住教育机会顺势对学生进行鼓励或引导

"顺手牵羊"出自西汉戴圣的《礼记·曲礼上》:"效马效羊者右牵之。"意思是顺手把人家的羊牵走。比喻趁势将敌手捉住或乘机利用别人。现比喻乘机拿走别人的东西。

其兵法释义为:"微隙在所必乘;微利在所必得。少阴,少阳。"这里的"少阴"是指敌方小的疏漏,"少阳"是指我方小的得利。其整体意思是:"看准敌人小的漏洞和疏忽,一定要乘虚而入,即使是小的胜利也不要放过。"

"顺手牵羊"之计是指趁别人没有戒备时乘隙获取胜利,具有隐蔽性。战争史上使用"顺手牵羊"之计的事例比比皆是。春秋时,晋献公途经虞国灭掉虢国,回师虞国时又乘其不备,灭掉了虞国;秦穆公攻打郑国,兵至滑国时,知郑人已有戒备,灭郑没有希望,就顺手灭掉滑国,然后班师回秦,等等。

"顺手牵羊"之计用在教育上指抓住教育机会,顺势对学生进行鼓励或引导。我们读《论语》时会发现,本书里的很多语言都是孔子在弟子请教时,对弟子"顺手牵羊"式的教育。在平时的教育教学中,学生展现出闪光点或不足之时,都是我们采用"顺手牵羊"之策进行教育的有利时机。

比如,刚到东华初级中学时,有一次当我兴冲冲地走进教室时,突然听到某个学生大叫:"笑面虎来了!""笑面虎是谁?"我一愣,旋即明白了这是学生给我取的绰号。我笑眯眯地把"笑面虎"三个字写在黑板上,并问学生:"是这三个字吗?"得到肯定的答复后,我便乘机逐一解说了《水浒传》中人物的绰号,并指出他们的绰号如何鲜明地反映了他们的特点。然后对学生说:"我们分析一下大家给我取的绰号,到底恰不恰当呢?"通过分析,我肯定了学生善于观察的优点,同时指出了他们表达上需要提高之处,并顺势过渡到我们如何观察人物,怎样写出精彩的内容上来,结果学生兴致盎然,当堂写出了许多精彩片段,而且在以后的写作课上,学生也表现出了较强烈的兴趣。同学们的写作水平由此慢慢得到了提高。

这节课原本打算用来解析课文的,但我根据实际情况"顺手牵羊"上了一堂写作课,不仅得到了学生对老师的认可与佩服,更提升了学生的写作水平。

另外,抓住时机对犯错误的学生进行"顺手牵羊"式的引导,其效果会远胜于空洞的说教。案例"手心里的伤痕"就讲述了这样一个故事:

有一位高考落榜后参加补习班的学生,一天在全校同学都出去做课间操时,他却叼着一支烟站在教学楼的门厅里张望,突然发现校长从楼上下来,便一把将烟抓在右手里。校长和他聊了几句,他忍住钻心的疼痛,手仍攥得紧紧的。校长一把抓住他的右手,来到了二楼校长办公室,让他张开右手后,发现他的手心已烧伤,周围起了几个泡。校长给他洗完手,包扎好后,对他说:"我下楼的时候,就看见你抽烟了,也看见你把燃着的烟捏到手里。我没有制止你,是想看你到底能忍多久。孩子,我知道你原来的成绩很好,也知道你现在那种失落的心情,这是人之常情。可是,你连烟头烫手的疼痛都忍住了,还有什么挺不过来呢?不要因为一次的失败就丧失斗志啊!"他满含泪水从校长室出来,从那之后,他开始了前所未有的努力。第二年拿到录取通知书后,他所做的第一件事就是去找校长,校长看了看他留下的疤痕,笑着说:"你的伤没白受啊!"

这个事例中的校长没有用常规去处罚那个学生,而是运用"顺手牵羊"之计对他进行引导,激发了他潜在的动力。相信这件事对他的人生也会产生巨大的影响。

国庆小学王天斌老师在《转移热情》这篇文章中记载了他刚参加工作时采用"顺手牵羊"之计转变一个班级的故事:

我从萍乡教育学院毕业后,分配到东源中学任教。

也许是那时乡镇中学大学毕业的教师还比较少的缘故吧,我一上班,学校校长便在教师会上宣布我担任初三(1)班的班主任。说实话,我对校长的安排很满意。但正当我高兴之时,有位老师却对我说:"你怎么接三(1)班呀?不知道在初二时这个班是最乱最差的班吗?"顿时,我如同全身被泼了一盆冷水。但事已至此,心高气傲的我也没推辞,心想能把这样的班带好才算本事!

接管后才知道,三(1)班纪律松散,学风不正,第一次月考成绩初三全年级倒数第一,个别科目平均成绩与其他班相差三十多分!怎么办?正当我感到困惑的时候,学校决定举办秋季运动会,我马上意识到机会来了。凭我的经验,学习成绩不好的学生一般都好动,身体素质大都不错,校运会上很可能最能体现优势。

为此,我对班上学生参加校运会高度重视,精心组织,运动会上学生每取得一点成绩,我班负责宣传的学生都及时向广播站送宣传稿,使校广播站差不多成了我们三(1)班的专用广播站,通过宣传,鼓舞士气,增强信心。功夫不负有心人,在整个校运会上我们三(1)班出尽了风头,总成绩全校第一!

校运会结束后,我趁热打铁,及时将学生的热情与自信转移到学习中去,结果再次月考时我班的成绩有了很大提高,个别初三刚开设的课程,如化学、生物成绩全校第一!高兴之余,我在班上设立了进步奖,自掏腰包买奖状、奖品奖励学生。就这样,我班的班风、学风实现了根本性的好转,学习成绩直线上升……

王老师乘三(1)班校运会取得了全校第一的成绩之机,及时将学生的热情与自信转移到学习中去,并取得了良好的效果,这就是恰当地运用了"顺手牵羊"之计。

由此可见,在教育中运用"顺手牵羊"之计需要智慧,要善于把握时机和分寸,在"牵"的时候尽量要"顺",不露痕迹,不要做作,这样才能让你的教育取得意想不到的效果。

第三套 攻战计
——活用适当方法

《三十六计》对"攻战计"的解说是:"处于进攻态势之计谋。飞龙在天。""攻战计"意指在战争中必须知己知彼,果断勇敢地面对战争中所遇到的各种问题,采取积极的态度,寻求敌方的弱点从而打败敌方。其共包含打草惊蛇、借尸还魂、调虎离山、欲擒故纵、抛砖引玉、擒贼擒王六个计策。

此套计策用在教育教学上,即要求我们要充分了解学生、调查清楚问题的相关情况,积极寻求解决问题的适当方法,然后果断采取相关计策,针对有相关问题的学生进行教育和引导。具体解说如下。

第一计 打草惊蛇
——旁敲侧击促进有问题的学生改进

"打草惊蛇"的意思是打动草惊动了藏在草里的蛇。后用以指做事不周密,行动不谨慎,而使对方有所觉察。其来源于宋朝郑文宝的《南唐近事》:"王鲁为当涂宰,颇以资产为务,会部民连状诉主簿贪贿于县尹。鲁乃判曰:汝虽打草,吾已惊蛇。"译意为:"王鲁作当涂县官,搜刮贪污钱财,后来老百姓联合起来状告他的秘书(主簿)贪污受贿时(王鲁见状子所列的条条罪款,都与自己有关),十分惊惧,情不自禁地在状子上批了'汝虽打草,吾已蛇惊'八个字。"

其古兵法释义为"疑以叩实,察而后动;复者,阴之媒也。"翻译为现代文即:"发现了疑点就应当考实查究清楚,洞察了实情之后再采取行动;反复叩实查究,而后采取相应的行动,是发现隐藏之敌的重要手段。"

李自成围攻开封时打击援军虎大威的部队即用了"打草惊蛇"之计;公元前627年晋国大败偷袭郑国不成回师的秦军,也是运用了"打草惊蛇"之计。

其用在教育上的意义：一是教师在问题还没有弄清楚之前，不要贸然处理，而应采取"打草惊蛇"的方式提醒相关同学，让他们明白老师已在关注该问题，促使他们及早改正或解决好相关问题（教育不是破案，我们不必了解真相，而要注重学生的感受，能促进学生成长就好）；二是对某些坏习惯根深蒂固的同学，则要经常性地"打草惊蛇"，促其警醒，但不要急于处理，而要等到最佳时机进行教育，以取得最佳教育效果；三是对某些若直接处理可能会产生负面效果的问题，故意用正面激励的形式"打草惊蛇"，从而把相关的同学引导到正确的发展道路上来。

在我的教育经历中，下面这件运用"打草惊蛇"之计的事例让我记忆犹新：

那还是我在华南师大嘉玛学校任教时的事。一天晚上，同学们正在上第二节晚修的时候，王××同学跑过来说，他放在书桌抽屉里的三百元钱不见了，课间上厕所前专门把钱放进了抽屉。同时他还提供了几个周围可疑的同学的线索。我让他先回去，并告诉他会负责帮他把钱找出来。

王××同学走后，我想，如果直接找那几个周围的同学谈话，可能会进一步加深对无辜的同学的嫌疑，而若找有嫌疑的同学调查，则可能起反作用。

于是我决定用"打草惊蛇"之计来解决这一问题。

我带上了三百元钱（心想万一我的方法失败了，就用这三百元充当王××丢失的钱）来到教室，给每个人发了两张学校统一印发的公文纸，然后对同学们说："刚才有个同学开玩笑拿了王××的三百元钱，可是后来大家都在说有人偷了王××同学的钱，还有几个同学说看见是谁偷了，导致这位同学都不好意思把钱还给王××同学了。为了避免以后有同学拿这件事给拿钱的同学乱扣帽子，我们等会儿拉上窗帘，关上所有的灯，用发下来的一张纸包上另一张纸，亮灯后，大家依次把它投进教室后面的投票箱里，投纸时所有同学依旧做作业，不允许东张西望，轮到自己时去投就行了。我希望等会儿我能在投票箱里发现王××同学的钱。"

当我清理这些纸包时，真的在一个纸包里发现了三百元。

这届学生毕业后，有一天我收到了一封信。信中说感谢我的宽容帮他改正了偷东西的坏习惯，落款是"永远感激但没勇气透露姓名的弟子"。

这件事的真相我永远不可能知道了，但在这件事情的处理过程中，我没有批评指责当事人，而是采用"打草惊蛇"之计，从容淡定地使事情得到了圆满解决。能让拿钱的同学从此改正恶习，我感到无比欣慰。

还有一件事也让我难以忘怀：

还是上文"胜战计"中第五计"趁火打劫"中提到的小混混中的老大刘×，曾教过他的几位老师都告诉我，他最善于搞阴谋，平时在老师面前表现得非常听话，但只要老师不在，就会哗众取宠，扰乱课堂，而且手下有一群小喽啰应和他，给他当眼线，老师轻易抓不到他，只要不是老师亲自抓到的违纪现象，他也绝不承认。

在我的安排下，有几节晚自习让看班老师故意走开，坐在隔壁班的我听到刘×的声音后，迅速来到班上，正在表演的刘×当场被抓个正着。我没有多说话，只是让他在班级记载簿上记下自己的言行，并签名、写下日期后就让他回座位了。这样三次以后，他和几个小喽啰闹翻了。另外，遇到他有不做作业、说脏话、不做清洁等不良行为时，我都只是要他记下他的过错并签名写下日期，一直没有轻易批评教育他，因为我知道一般的批评教育不会起作用，因此我要先慢慢"打草"来查实相关情况，等时机成熟后再"惊蛇"。

机会终于来了，最佳时机到了。一天晚上，他父亲找到我，说刘×同学和家人闹翻离家出走了，家人希望我帮忙找找。那时大多数家庭还没有电话，我和他父亲逐个打听平日同他接触较多的同学的家，终于在凌晨一点多时在一位同学家找到了他，当时他已经睡着了。我叮嘱这位同学的家长一定要劝刘×和他的孩子一起去上学。回到学校后，我当晚给刘×同学写了一封信，信中列举了他的优点，并指出他所具备的领导才能，同时肯定他的才能一定会帮他成就自己的事业。

第二天，我把信给了他，然后回到了办公室。下课后，他来到了我的办公室，告诉我他和同学闹翻，和家长闹翻，在班级记载簿留下很多记载，成绩落得太远，觉得自己是最差的人，没想到老师还这样信任他，连夜去找他，还给他写信……说着说着，他泪流满面。我安抚了他的情绪，并与他一起讨论他今后的人生之路。最后，我们达成了一致意见，由他担任班级纪检委员，管理别人一定要先管好自己，用这个方法来约束自己。从此，我班纪律有了较大改善。虽然刘×同学有时还会犯一些小毛病，但他自己马上会意识过来并改正。他的成绩也有了提升，顺利升入了初二。

在这件事情的处理过程中，我让刘×同学记下他的过错并签名写下日期，就是要"打草惊蛇"，提醒他我已在关注他，但我的故意不处理又使得他心里发虚，不知老师会怎样惩罚他。在抓住他出走后的最佳时机和他交流后，他感受到了老师的真心关爱，所以使教育收到了良好的效果。

因此教育学生没有把握或时机不成熟时，我们要先做好相关的准备工作，不要轻易就对学生进行教训或惩罚，这样的"打草惊蛇"会让学生产生逆反心理。对这类情况我们就要等待最佳时机或者创造时机进行教育，这样才能取得理想的效果。

在"班里出现了'小商人'"这一教育案例中,也体现了"打草惊蛇"之计所起的作用:

有学生悄悄向我反映,王微在班里做起了小生意。我听后很是吃惊。细细打听,原来王微从网上下载了大量的文章在班里搞起了出租。每人看一篇文章收费贰角,生意挺红火。王微还聘请了他的好朋友李英蓬给他当会计,会计的报酬就是可以免费看全部文章。我调查了文章的内容,全是一些健康的童话故事、历史故事和人物传记等,而且多数是我平时向学生推荐阅读的文章。

是制止还是听之任之呢?我悄悄征求了几名学生的意见,但众说不一。有人觉得王微的这种做法给同学提供了方便,而且收费不高,同学愿意接受,这段时间同学们更喜欢看书了,对班级有利;有人却大摇其头,认为王微的主要目的是做生意,在班里挣同学的钱,不算光明磊落,应该制止。王微的父母都是商界的佼佼者,家里并不缺钱花。王微头脑灵活,且个性很强,学习成绩也很好,在班里威信较高。他的经商意识也许是受家庭的影响,也许是与生俱来。虽然王微的做法无伤大雅,但如果听之任之,学生都效仿起来,说不定明天会有做别的生意的,长此以往,班里会发展成什么样子呢?但我如果简单地制止,以王微的个性,他是不会轻易认错的,这是否会在他的内心造成阴影,甚至扼杀了一个未来的大企业家呢?思前想后,我觉得还是慎重为妙。

班会上,我微笑着对全班同学说:"老师最近发现同学们特别喜欢阅读,我知道这里有王微同学的功劳。王微为了给同学们提供方便,自己从网上下载了许多优秀的文章,免费让同学阅读。"我故意强调了"免费"二字。"王微打印文章用的纸是自己买来的,他这种大公无私的行为很让老师感动,因此,我决定评王微为咱们班的'阅读之星',并且发给王微一本漂亮的读书笔记本作为奖励。"我的话音刚落,班长带头鼓起掌来。有几个同学没领会我的意思,好像有话要说,我用目光制止了他们。这时,王微红着脸站起来说:"老师……"我拍了拍他的头,和蔼地说:"你做得很好,记得一定让同学免费阅读哦。"王微会心地笑了:"老师,我一定会的,您就放心吧!"

在这个案例中,老师没有批评王微同学,而是运用"打草惊蛇"之计,让王微同学明白了老师的良苦用心,从而达到了使王微让同学们免费阅读的教育目的,这比批评、强制等方法所取得的效果要好多了。

教育过程中,我们有时可能会被急躁或功利蒙蔽了心灵。这时,我们不妨让自己静一静,也许你会明白,你碰到的情况正好适合运用"打草惊蛇"

之计或其他策略,这样,你不是又得到了一次成长的机会吗?

愿我们在教育中不断成长!

第二计　借尸还魂
——巧用一定手段达到教育教学的目的

"借尸还魂"出自元朝岳伯川的《铁拐李·楔子》:"岳寿,谁想你浑家将你尸骸烧化了,我如今着你借尸还魂,尸骸是小李屠,魂灵是岳寿。"意思是指迷信的人认为人死后灵魂可附着于别人的尸体而复活。后用以比喻已经死亡或没落的事物,又假托别的名义或以另一种形式重新出现。

这一计策的古兵法原文是:"有用者,不可借;不能用者,求借。借不能用者而用之,匪我求童蒙,童蒙求我。"今译义为:"一、凡是自身能有所作为的人,往往难以驾驭和控制,因而不能为我所用;凡是自身不能有所作为的人,往往需要依赖别人求得生存和发展,因而就有可能为我所用。将自身不能有所作为的人加以控制和利用,这其中的道理,正与幼稚蒙昧之人需要求助于足智多谋之人,而不是足智多谋之人求助于幼稚蒙昧之人一样。二、凡是有用处的东西,往往不能借助利用它;而那些看上去没什么用途的事物,往往有时我们还可以借助它而为自己发挥作用。这就犹如要'还魂'还需借助无用的'尸体'一样。"

在中国历史上,楚国项梁兴兵灭秦之战中,项梁将已亡多年的楚怀王的孙子熊心奉为楚怀王并定盱眙为国都,就是运用了"借尸还魂"之计;另外日本侵占满洲之战,也运用了此计。

运用到教育教学上,"魂"是指教育教学应达到的德育目标或应掌握的某学科的技能技巧,"尸"则是指我们为达到目标而借助的一切资源和手段。宽泛地说,"魂"就是目标,"尸"就是载体。为了更好地达到目标,我们的载体最好选用能使学生感兴趣或受到触动的内容。因此运用"借尸还魂"之法往往更能激发学生的兴趣,更易达到我们的教育教学目标。

当我在宜昌市第三中学带第二届学生时,我已经胸有成竹:一是我成功地带完了一届毕业生,并取得了意想不到的成绩,积累了一些经验;二是这一届我的班比之前的班整体水平要高,没有那么多特别的学生,这让我更加踌躇满志。

开学报名时我让先到的同学安静地看书,全体同学到齐后才井然有序地办理开学手续,开学第一天班级就建立了严格的规范与制度。然而之后还是有个别活跃分子蠢蠢欲动,我想先来个"借尸还魂"之计,以对整体进行激励,然后再对个别冒头的违纪学生进行单独教育。

开学第一次班会,我问大家:"有哪位同学熟悉刚毕业的师兄师姐?请举手。"结果举手的还不少呢!因为我们学校基本是就近入学,所以很多学生间互相都较熟悉。

"请问有没有认识刘×、宋××、李×、邓×等的同学?"这些同学可是学校里大名鼎鼎的人物,当初他们在外面玩的时候,周围的孩子都怕他们。一提他们的名字,果然有不少同学认识,特别是笪××等调皮生对他们更是熟知。我说:"这就是上一届我带的学生,虽然他们曾经是全校有名的调皮生,但后来他们都取得了较大的进步,他们班的班会还获得了宜昌市特别优秀奖,他们班还被评为了宜昌市优秀团支部。我们能比他们做得更好吗?""能!"全班响亮地回答。

我接着说:"当然,为了刚才提到的这些同学的进步,我费了不少心血,不过他们总算没辜负我的一番苦心。如果我们班上有跟前面提到的那些同学一样需要我帮助的,我一定会尽全力帮助你,如果有必要,我可以请刚刚提到的那些师哥们回来现身说法,共同帮助你。大家说好吗?"

果然,蠢蠢欲动的笪××、龚×等同学一下子老实多了,后来虽有少数同学不定时有点违纪现象,但也都是无心之失。我们班一直纪律良好,成绩优秀。我也获得了"首届十佳园丁""青年十杰"等荣誉称号,并被评为宜昌市优秀共产党员。

其实,这一届的班级管理工作比上一届轻松得多,但效果却更好。其因素是多方面的,但我觉得开学初使用"借尸还魂"之计,把曾经从我班毕业的那些有名的调皮份子的教育故事搬出来,对他们起到的震慑作用对后来的班级管理有较大的帮助,也为我班的后期发展奠定了良好的基础。

福建省仙游师范学校的陈元勋老师写的《巧用"借尸还魂"法应对课堂突发事件》一文中记载了他教学中的一个案例:

汉语课上,我正在旁征博引地给学生讲授成语,突然飞进一只蝉,所有的视线不约而同地离开了我。蝉在教室里盘旋了几圈,停在窗台上,一阵骚动之后,有人欲起身前去捕捉。我灵光一现,突然故作神秘地说:"请不要动它!大家知道这只蝉为什么不请自来,飞进我们的课堂?为什么在此时此刻飞进我们的课堂?"所有的视线都转回到我身上。我又说:"它知道我正在讲成语的特点,是来给我当助教的!"面对一片愕然的目光,我重新进入状态,侃侃而谈:"同学们知道吗,跟蝉有关的成语至少不下三十个。谁能说出带'蝉'字的成语?看谁说得最多!"大家全然忘了窗台上的蝉,津津有味地"蝉联"起"蝉成语"来了:金蝉蜕壳、噤若寒蝉、寒蝉凄切、蛙鸣蝉噪、春蛙秋蝉、蝉联往复、蝉不知雪、蝉腹龟肠、寒蝉仗马、蝉蜕龙变、蝉喘雷干……大家一个接一个,居然一下子说出了十几个。我又趁热打铁,对有些成语透过字面作深入解说。比如,"蝉不知雪",不能简单理解为"蝉春生而秋死,见不到雪",而是比喻见识不广。

在这个案例中,陈老师正是借助"蝉"这一载体,实现了成语积累及特定含义的教学的目的,这就是巧妙地运用了"借尸还魂"这一策略。

当然,"借尸还魂"之计还可运用到我们平时的班会教育中。比如,为了激发学生的爱国主义热情,我们如果借助一些热点问题,如黄岩岛、钓鱼岛、981钻井平台争端,结合七七事变、南京大屠杀、日本731部队的恶行,甚至晚清以来我们被动挨打等事例进行讨论分析,就更能打动学生,从而达到我们的目的。

"借尸还魂"之计也可以运用到教学中。为了让学生掌握好人物的写法和技巧,我们可以借助学生的"武侠热",让学生自己找出喜欢和讨厌的人物,并探讨这些人物的特点,一步步把学生的"武侠热"引导到对金庸写法的探讨上来。这样引导学生自己总结出写作技巧会比我们直接讲给学生要有用得多。

当前我们提倡的高效课堂,就必须结合学生实际。信息时代已经改变了学生的知识接收方式,因此我们要借助学生喜闻乐见的新方式,把学生感兴趣的东西和我们的教育教学内容相结合,巧妙地运用"借尸还魂"之计。这样,我们才能让教学变得高效,最后达到破茧成蝶的效果。

第三计　调虎离山
——把学生调离优势位置或激烈场合后再教育

"调虎离山"出自明朝许仲琳的《封神演义》第八十八回:"子牙公须是亲自用调虎离山计,一战成功。"其意思是设法使老虎离开山头。比喻为了便于行事,想法子引诱人离开原来的地方。

三十六计中"调虎离山"之计的兵法原文为:"待天以困之,用人以诱之,往蹇来连。"其文义为:等待天时对敌方不利时去困扰他,用人为的假象去引诱他。敌人占据坚固或艰险难攻的阵地,我们便返回,不再攻打。

兵书曰:"下政攻城。"意思是说不顾情况地去攻打坚固的城池,就是自取败亡。此计运用这个道理,指出战场上若遇强敌,要善用谋略,用假象使敌人离开驻地,诱他就我之范,丧失他的优势,使他处处皆难,寸步难行,由主动变被动,而我则出其不意地制胜。

运用到教育上,我们可以把教育对象调离其自以为有利的优势位置,使其处于被动位置不得不接受管理,从而使其逐渐转变过来;也可以把学生调离当时激烈的冲突场合,让学生恢复冷静后再处理问题等等。这实际上就是一种教育机智,是教育者扭转不利局面的法宝。

我所在的东莞市东华初级中学曾有个班让老师非常头疼,初二换了一位新班主任张老师,对该班进行了大刀阔斧的治理改革,之后状况有所好转。但有几个刺头仍不时捣乱,其中一个领头的学生更是嚣张,其扬言:"我老爸是东华集团总部的领导,你们这些老师都归他管。如果你经常找我的麻烦,我老爸可以开除你。"张老师明白了这位同学不好管理的原因了,原来他不服管教的心理优势在这里。张老师当时没动声色。

东华集团的董事长非常有亲和力,虽然有庞大的集团要管理,但他非常愿意和老师们零距离接触,每年除了与老师进行年度聚餐外,还会以小聚会的形式,分别与所有的老师聚餐交流一次。有一次聚餐,张老师把这个领头的同学叫过来,问他:"你爸爸是不是叫×××啊?"那个同学高兴地点头道:"是啊是啊!"张老师说:"今天我要把你的情况给董事长说说,顺便问问董事长,如果我严格管理你,你爸爸干涉的话,他是开除我,还是开除你爸爸?"那位同学一下子就蔫了,求着张老师:"张老师,你千万别说,我以后一定好好听你的话。"

张老师运用"调虎离山"之计一下子就打掉了他的心理优势,起到了良好的效果。从此,在张老师的教育下,这位刺头得到了较大的进步,班级整体状况也得到了较大改善。

我刚刚来到东莞时,就职的华南师大嘉玛学校是一所刚刚创建的民办学校,所教的班级是由因考不上其他学校而招进来的许多调皮生组成的。在我花了九牛二虎之力使班级状况慢慢好转之际,一位年纪较大的刚刚上任的德育主任却大力支持、鼓励那些调皮生,结果使他们盲目自信、自大,进而使班级学生几乎全部反水,不听我的教育。在班会上,我灵机一动,让学生写出我的缺点,同学们写得很踊跃,我当着同学们的面一一读出来,并询问同学们是否属实,属实的则逐一写在黑板上。

我当场表示:同学们写得都很中肯,感谢同学们给我指出这些缺点,我以后一定会改正。这时有学生插嘴,如果再犯怎么办?我说:"说得好,我们讨论一下吧!"于是我们又制定了惩罚措施。

我说:"我们有缘组成了一个大家庭,我有幸成了这个大家庭的家长,那么怎样才能把我们共同的家建设好呢？是不是只要我做好了，这个班级各方面就好了？"

同学们说："当然不是！"于是同学们在我的引导下制定了班规班纪以及违反班规班纪后的处罚措施。这些措施都由学生干部实施，如果处理得不好则由我亲自处理。这些由同学们自己制定的班规班纪，我坚决督促贯彻实行。调皮的学生感觉不太对劲，但也无话可说。

我终于又把握了班级管理权，彻底扭转了局面。后来，全班同学在行为规范考核中，多次获得奖励，特别是在考试中班级各门成绩评比一直名列年级前茅，创造了八科单科成绩及总成绩全部名列年级第一的纪录。同学们和我的感情越来越深，后来我因工作调整离开他们，他们中不少同学都哭了，依依不舍地与我告别。

这件事给我的印象非常深，我运用"调虎离山"之计，扭转了他们原先依靠德育主任的优势，用他们自己制定的措施管理他们，收到了良好的效果。

另外，"调虎离山"之计还可以用来处理一些比较棘手的问题。徐晓晖老师发布在网上的《巧化学生间的矛盾》这一教育案例，便显示了"调虎离山"这一计策的作用：

当我走到教室门口时，被生活老师挡住了，"徐老师，中午陈邦立和林启洪大打了一架。陈邦立的脸被抓破了……"生活老师的话还没有说完，同学们也一窝蜂地围过来。"老师，是林启洪不对。""不，是陈邦立不对"……孩子们你一言我一语，还把两位打架的男生推到了我面前。我向学生们做了一个手势，示意他们回教室，再看看两个孩子，并没有生活老师说得那么严重，但看他们两人的架势和眼神，两人似乎还想打。

"告诉老师是怎么回事？"

"他骂我妈妈……"

"他先动手打我……"

"他先打我……"

"他先骂我……"

两人互不相让，各自为自己找着理由，看这架势我觉得心平气和地劝解是没有用的。我连忙示意他们静下来想一想自己有没有做错的地方。我说："从现在开始，你们谁也不要讲话，各自把今天打架的前因后果想一下，想好了，请以'我错了'为中心，向老师说明情况。"十五分钟后，两个孩子一前一后地来到了我的办公室。脸上的怒气比刚才少了很多，仿佛还带着一脸的懊悔，我示意他们开始讲。

"我错了,我不该骂他,其实他打得一点儿也不痛,我不该还手……"

"我错了,他其实也是骂着玩,我不该先动手打他,我应该叫他以后不要再开这样的玩笑……"

见他们俩都主动认错,我马上说:"是啊,同学之间的矛盾事实上都是鸡毛蒜皮的小事,大打出手真的很伤感情。凡事要多替他人着想,找找自己的缺点,这种伤感情的事就不会再出现了。"两个孩子点点头,并在我的提示下握手言和了。

在两个孩子心中还充满愤怒的时候,徐老师让他们先冷静下来,想想打架的前因后果,并以"我错了"为切入点向老师说明情况。这实际就是采取了"调虎离山"之计,把学生调离了当时激烈的冲突状态,使学生冷静后再处理,问题则迎刃而解了。

初中阶段的学生正处于成长的黄金阶段,由于身体的发育与思想的成长出现错位现象,导致处于这一阶段的孩子问题较多,特别是青春期叛逆现象较为普遍。处于这一阶段的孩子年少气盛,容易冲动,这就要求我们处理相关问题时多动动脑筋,不要和孩子针尖对麦芒,也不要让孩子之间针锋相对,这时,运用"调虎离山"之计就是一个很好的选择。

记住,冲动是魔鬼,在那些激烈的冲突时刻,让我们用"调虎离山"之计来理智地调解好各种矛盾吧!

第四计 欲擒故纵
——"纵容"学生犯错然后通过引导解决问题

"欲擒故纵"的意思是要想抓住他,故意先放开他。比喻为了进一步的控制,先故意放松一步。其出自清代吴趼人《二十年目睹之怪现状》第七十回:"大人这里还不要就答应他,放出一个欲擒故纵的手段,然后许其成事。"有一首祝寿诗也运用了"欲擒故纵"的技巧:"这个老妇不是人,九天仙女下凡尘。生的儿子都是贼,偷得蟠桃献寿星。"

"欲擒故纵"的古兵法原文是:"逼则反兵,走则减势。紧随勿迫,累其气力,消其斗志,散而后擒,兵不血刃。需,有孚,光。"今义是:"逼得敌军太紧,对方就会回师反扑,如果让敌军逃跑,就可以削弱其气势。追击敌人,只需紧随其后而不要过于逼迫它,这样做可以消耗其体力,瓦解其斗志,待其溃散时再去擒拿他们,不经过血战就可以取得胜利。在此过程中要按'需'卦的演推方式等待,让敌人相信还有一线光明。"

"欲擒故纵"中的"擒"和"纵"是一对反义词,"擒"是目的,"纵"是给敌方制造的假象,是手段。兵法中"按语"为:所谓纵者,非放之也,随之,而稍松之耳。因此对"穷寇",并不是不追,而是不要逼得太紧,暂时放松一步,使敌人斗志松懈,使对手消耗体力物力后再寻找机会一举歼灭。

这个计策用在教育教学上主要体现在两个方面:一是表现在教育方面,如果直接揭露或干预犯错误的学生,反而会让事情走向不可知的方向,甚至会起到反效果,那么这时不如干脆暂时放过该生,或纵容该生向错误的方向走过一段路程,以便在时机成熟时一举解决问题;二是表现在教学方面,为了让学生掌握某个知识点(欲擒),故意激发学生提问或纵容学生走弯路(故纵),然后通过引导学生进行探究并深入理解,从而更好地掌握该知识点。

孔建芳老师曾叙述了一件巧妙运用了该计策的案例:

班上有一位同学放在书包里的钱不翼而飞了,孔老师察言观色,发现一位同学神态恐慌。孔老师故意让大家在自己周围找找,那位同学不敢正视老师,神色更不自然了。孔老师把他找来,向他询问前面同学丢钱的事,这位同学掩饰不住恐慌,却强调说:"我不知道,我没拿他的钱。"于是孔老师顺水推舟说:"老师没说你拿,只觉得你有与众不同的眼光,想请你协助老师破案,破案成功,一定奖赏你……"第二天一大早,该生欣喜若狂地来报告,说是把钱找到了。孔老师趁势表扬他是班里的大侦探。后来,这名学生不敢再轻易犯案了。

孔老师本来是想让神色异常的学生拿出他所偷的钱,但她却没有直接揭露该同学,而是运用"欲擒故纵"之计,不仅帮学生找回了钱,还达到了促使偷钱的同学自省的目的。

北京四中曾经发生过一件较有影响的"情书事件":北京四中的黄春老师发现班里的一名女生成绩下降,上课注意力也不集中。后来,黄老师了解到,这名同学恋爱了,每天给一位男孩写情书。黄老师与该同学聊天,在取得她的信任后,帮她改情书。经过毕业于中文系的黄老师改过的情书,变成了可以发表的抒情散文。这位女同学将每一封收到的情书都给黄老师看,听老师点评;每一封寄出的情书都请黄老师改,并陶醉在自己的情书里。

黄老师说:"寄出的情书水平提高了,收到的情书水平停步不前,必定影响两人的审美水平,并使之产生差距。"于是那女孩发现:"那男孩文采不好,学习不好。"经老师引导,从情书的字里行间又发现那男孩的习惯也不好,还害得她成绩下降了。这朵早恋之花还未开放,便在黄老师的运筹帷幄之中凋谢了。

教育不可能只有说教和树立榜样，有时候让学生走点弯路反而能从根本上解决问题。黄春老师运用"欲擒故纵"之计，为世界性的早恋问题的解决提供了一种思路。

四川省犍为县敖家中心小学的官孝成老师在《批评教育中的欲擒故纵》一文中，记载了这样一个案例：

开学的第一天，教导处进来了母子俩。孩子背着书包，耷拉着脑袋，一声不吭。母亲要求我给孩子办理报名手续，噼噼啪啪地说了一通。"我就是不想读书！"孩子态度很坚决。

这类学生我见多了，用不了几句动心的话，还不都成了我的"俘虏"。我很有信心地让母子俩坐下，准备说服孩子。"晓东，你还小，正是上学求知的时候，读书是你的首要任务，你的父母外出打工还不是为了你？现在母亲放弃打工挣钱的机会，回家照顾你上学，你难道一点也不理解做父母的一片苦心吗？""我不读书是给他们节约钱！"孩子据理力争。"现在一费制教育，义务教育阶段也不会花费多少钱，你不读书就能使家庭富裕？""我要在家照顾生病的爷爷！"他又有了新的理由。这一来二去，半小时过去了，孩子并没有同意上学。

我想得找一位能降住他的人，于是我把他带到他的任课老师那里，看能否说服他。任课老师也没辙，一旁的主任默默地看着这一切，他把晓东叫到跟前："你不想读书，他们硬是逼着你读书，肯定没道理，我支持你不读书。"晓东好像找到了知音，随口答："本来就是。"我对主任的做法迷惑不解。他抓住这个稍纵即逝的机会接着对晓东说："你是一个孝顺的孩子，爷爷生病你想照顾他，你能想到真是不容易。现在是午饭时间，我给你打饭，吃了饭再说吧。"孩子还真上了主任的路子，两人各捧一碗热腾腾的饭在办公室吃起来。"晓东，吃了饭你就到班上去上体育课，反正现在也不算正式报名，你觉得有兴趣就和同学一起活动，以后再说报名的事。但有一条，你不想学习时先要告诉我，我们毕竟是朋友嘛，你看这样行吗？"孩子居然点了点头。晓东上完了体育课又上第六节美术课。同学和老师给予了特别关怀，学习生活中的乐趣和爱的力量热乎了晓东的心，快乐的校园更加和谐了。

在母亲、官老师和任课老师对晓东不读书都束手无策时，主任故意说"我支持你不读书"，实际上是"欲擒故纵"，在拉近和晓东的关系后，建议晓东先和同学们一起活动，然后再说报名的事，在不想学习时要先告诉主任一声，这就为以后的思想动员打好了基础。晓东在活动中融入了集体，使问题顺利解决。因此，主任采用的"欲擒故纵"之计是解决晓东读书问题的关键。

一位老师所上的《最大公约数》一课,也可以作为使用"欲擒故纵"的教学范例供大家参考:

教师首先板书课题,让学生从课题入手,可以提出问题,也可以说说对课题的理解。一学生提出:"'公约数'是什么意思?"教师反问:"这三个字中哪两个字我们学过?"生答:"学过'约数'。"教师说:"不看书,大家说说对'公'字的理解。"学生们就大胆地猜起来,经过几次否定后,学生趁老师不注意偷偷看书,然后告诉老师"公"就是"公有的"意思。老师说:"我还是不知道,谁举个例子,也许我就明白了。"于是学生又悄悄地看起书来,老师故意当做没看见。三分钟后,三分之二的学生要求回答"公约数"的意思。

为了检查学生看书的效果,教师出示题目:"找出 15 的公约数。"学生立即提出质疑:"老师,一个数怎么求公约数?您再写一个数,就可以求公约数了。""好,老师再加一个——20。"然后让学生做。学生很快就做出来了,并且过程写得也很仔细。虽然老师没有讲解、分析,但学生已经掌握了公约数的定义和怎样求公约数。

这节课老师运用"欲擒故纵"之计,激发了学生求知的欲望,故意纵容学生"犯规"看书,从而促使学生自己学会并掌握相关知识。

对于教育者来说,若你的目标一时难于达到时,不妨采用"欲擒故纵"之计,也许你的难题就迎刃而解了。

第五计　抛砖引玉
——树立典范给全体学生指明方向

"抛砖引玉"的意思是以自己粗浅的意见引出别人高明的见解。这是谦虚的话。此成语出自宋代释道原《景德传灯录》:"时有一僧便出,礼拜,师曰:'比来抛砖引玉,却引得个坠子。'"其故事出自唐代进士常建的《题破山寺后禅院》。常建十分仰慕赵嘏的诗,便想了一个办法:当打听到赵嘏要到吴地游览灵岩寺的消息后,自己先到灵岩寺前墙上题了诗句:"清晨入古寺,初日照高林。曲径通幽处,禅房花木深。"以引起赵嘏题诗兴趣。当赵嘏来此,见有一未完成的诗,便在后面加了"山光悦鸟性,潭影空人心。万籁此俱寂,但余钟磬音。"续成一首。续的诗比前两句要好,所以当时人们认为常建的做法是"抛砖引玉"。

"抛砖引玉"的古兵法原文是:"类以诱之,击蒙也。"译为现代文则是:"用类似的东西去引诱敌人,从而打击被蒙骗的敌人。"诱敌之法甚多,最妙之法,不在疑似之间,而在类同,以固其惑。"抛砖"就是利用人们贪小便宜的弱点,先给一点甜头,诱人上当,然后再慢慢把"玉"引出来。此计使用的范围很广,不受时空限制,小施小效,大施大效。用之于官场,一张支票可以弄倒一个县长;三家银行提高利息,就可以吸引巨大的游资;政治家一句美妙动听的谎言,则可以骗得群众的拥护,等等。这些都是"抛砖引玉"之计的妙用。

"抛砖引玉"如今已成为人们的常用语,其在生活中得到了人们的广泛应用。在教育方面,通过树立个别的典范(抛砖),可以给整体同学指明努力的方向(引玉)。在教学方面,许多学科都采用"抛砖引玉"式的教学方法。比如,高立勋老师在谈地理教学的《案例教学的灵魂就是抛砖引玉》一文中写道:"案例教学的灵魂就是抛砖引玉。也就是说通过一个案例的教学不仅要让学生掌握所教案例本身的相关知识,了解各地理要素的相互联系,更重要的是通过案例教学理解类似问题的规律,让学生学会分析类似问题的方法,也就是能够举一反三。新课标关于教学的叙述是这样的:以两个不同区域为例,比较自然环境、人类活动的区域差异。以某区域为例弄清该区域存在的环境问题。可以看出,案例教学的主要目的并不是案例本身知识的教学。案例教学的根本目的是使学生通过对案例的分析,掌握案例深层次的东西,即案例本身隐含的原理及分析方法,从而提高学生自己分析类似问题的能力,达到举一反三的目的。"

巧用"抛砖引玉"的策略在班级管理中可以起到良好的作用。在班级里树立品学兼优的榜样,是班主任们常常运用的方法。但对于后进生,他们往往会这样说:我是很想学,但我与他们的差距太大了,学不好,做不到。这种可望而不可即的榜样对他们的效果不大。那么,我们就应该注意在后进生中寻找合适的同学,通过培养将其树立为榜样。这样,班级的后进生也就有了努力的动力。

下面这个教育案例就体现了运用"抛砖引玉"之计对后进生的促进作用:

我们班上有一位陈×同学,原来脾气暴躁,行为习惯很差,成绩落后。有一次他向我吐露了想入团的心愿,我觉得他有了向上的动力,可以树立为后进生的榜样。我鼓励他改掉坏习惯,积极争取。后来,我经常帮助他,他像换了一个人一样,表现大有进步,在新团员选举中以高票通过。

这件事在班里引起了极大的反响,原本不敢对入团报任何期望的后进生们看到,只要自己肯努力,一切都是可能的,于是纷纷向我表示自己也想试一试,问我能不能也给他们这样的机会。我告诉他们大家的机会都是均等的，于是很多同学下决心改正自己身上的缺点，整个班级的氛围有了进一步改善。在后进生中树立学习的榜样，可以触动其他后进同学，带动一大片，从而使全班同学共同进步，这就是"抛砖引玉"起到的良好作用。

当然，在处理班级中的不良现象时，班主任也可以运用"抛砖引玉"之策来对学生进行教育。如下面这个案例中，老师的处理办法便值得大家学习：

有一个班的学生习惯乱丢纸屑，屡次教育都无效。有一次，班主任走进教室，见地上有几团纸屑，当时还有三位同学未进教室，老师突然想到这是进行教育的好时机，便指着地对大家说："这儿有几团纸屑，进来的同学却没有捡起来，现在，还有三位同学未进来，我们要看看他们会不会发现。"经老师一说，全班同学都瞪大眼睛等着瞧。第一位同学看也不看就冲进了教室；第二位看了一下地面却无动于衷，上座位去了；第三位，一看地上有纸屑，就弯腰捡了起来。全班同学报以一阵热烈的掌声，老师脸上也掠过一丝微笑，然后他郑重宣布班会开始，第一个受到表扬的是这位捡纸屑的同学，从此，教室地上再也看不到纸屑了。

本案例中，班主任带着全班同学观察这三位同学的行为，实际上是一个绝妙的现场教育的模式和时机，而三位同学的表现，又恰好反映了日常生活中同学们的几类行为。班主任在同学们鼓掌的基础上又对捡起纸张的同学进行表扬，实际上是运用了"抛砖引玉"之计先树立典范，然后给全班同学指明方向，从而使班级达到了"教室地上看不到纸屑"的效果。

"抛砖引玉"运用到教学上，"玉"就是要使学生达到的教学目标，"砖"就是老师用于引导学生达到目标的方法，而"抛"就是老师利用案例进行讲解或引导的过程。

要用好"砖"，老师必须以兴趣为切入点引导学生，培养学生养成良好的习惯。因此"砖"要有典型性，易以引导学生达到"玉"的效果。

总之，"抛砖引玉"之计是教师治班治学的必备良方，只要我们善用多用该计策，一定会大大改善班级的管理状况，创建一个优秀的班集体。

第六计　擒贼擒王
——抓住主要矛盾从根本上解决问题

"擒贼擒王"的意思是作战要先擒拿主要敌手。比喻做事要抓关键。其出自唐代诗圣杜甫的《前出塞》："挽弓当挽强，用箭当用长。射人先射马,擒贼先擒王。杀人亦有限,立国亦有疆。苟能制侵陵,岂在多杀伤。"

其兵法原文为:"摧其坚,夺其魁,以解其体。龙战于野,其道穷也。"其今义为:"摧毁敌人的中坚力量,抓获其首领,便可瓦解其全军。好比群龙无首,战于郊野,必然陷于穷途末路。"

当初安禄山的儿子安庆绪派尹子奇攻打睢阳,睢阳守将张巡就是运用"擒贼擒王"之计,引诱尹子奇进攻时,一箭射中尹子奇的左眼,使其落荒而逃,叛军失去首领,不战自乱。

其运用到教育教学上,表现在两个方面:第一,对于班级里存在小团体违纪现象的,应该先制服带头的那个同学,这样才能取得标本兼治的效果;第二,对于课堂教学,教师应深挖教材,抓住主要的东西,讲解时能够做到提纲挈领,这样就可以起到事半功倍的效果。

比如,我们要抓好自习课纪律,就可以采用"擒贼擒王"之计。有的班级自习课时总是有人交头接耳或明目张胆地嬉笑打闹,班干部的吼声震慑不了,班主任也束手无策。其实,我们只要给同学们讲清要求,不得以任何理由讲话,包括讨论问题,并培训好班干部,要求班干部只记第一个开始讲话的同学,每次对第一个讲话的同学进行处理,只要有谁敢于在自习课第一个冒头,就好好地进行教育,做到"擒贼擒王",这样,班级自习课纪律就会得到根本性好转。

杨云龙老师讲了一个"擒贼擒王"的案例:

他所教的班级调皮捣蛋的学生为数不少,通过观察,他发现周×、部×、李××和张××"四大金刚"是"惯犯",而且在同学中的影响力和号召力也很强,因此杨老师决定拿他们"开刀"。

一天晨读前,班级中的纪律非常的乱,气得班长大声制止也无济于事。杨老师来了后,先调查是哪些人在扰乱秩序,结果发现又有"四大金刚"。杨老师把四人叫到前面,开始询问他们的违纪情况。当他们为自己狡辩时,班级里一些正义感强的同学就出来作证,指出他们的错误。这样,对他们的批评变成了"全班公审",不仅把早晨的问题进行了揭露,而且把以前甚至是上学期的问题全部给他们抖出来了。当时全班观点一致,同学们义愤填膺,杨老师借机痛打"落水狗",并请他们当众做了保证。那些平时爱跟着起哄的同学一看"头儿"被老师狠狠地"剋"了,他们也都老实了。

事后,杨老师又单独与他们谈话,对他们动之以情,晓之以理,他们的内心也受到了很大触动。从此,班级状况得到了根本性改善。

杨老师"擒贼擒王",收拾了"四大金刚"并单独与他们谈话以后,使他们受到了触动,对平时爱跟着起哄的同学也起到了震慑和教育的作用,起到了良好的教育效果。

在班级管理中,许多不良现象的背后都有起带头作用的同学,我们在管理的时候,如果能运用好"擒贼擒王"之计,许多问题就可以迎刃而解。

在课堂教学中,若能合理运用"擒贼擒王"之策,教学效果也是非常明显的。我曾经带的东华初级中学 2013 届 2 班学生的数学成绩不是很理想,但后来,该班数学成绩一直稳居年级前两名,这全是张义华老师的功劳。张老师讲课特别受欢迎,原因是他能把众多的习题按解题方法分类,一大类题提供一个有效的思路方法,而学生沿着他指出的路径,往往就会峰回路转,解题思路豁然开朗,而且这一方法对这一类题屡试不爽,于是学生听课十分认真,题做出来后皆大欢喜,一时间"传奇老师"的名声大振。反思其教学计策即为"擒贼擒王"——抓住要害,打一个歼灭战,解决一类问题,因此效率非常之高。

要想提高教育教学效率,"擒贼擒王"是一条捷径,但走这条捷径之前,我们必须提前做好充分的准备工作,才能使这一计策取得良好的效果。

在中考、高考复习过程中,特别要注意运用"擒贼擒王"之计。不论是两轮还是三轮复习,我们都要把知识分为几大板块,而且要弄清每个版块的核心知识,分清主次,理清知识的脉络和头绪,只有做到"擒贼擒王",才能做到高效复习,让自己在复习过程中做到游刃有余。

不管是教育还是教学,我们都要善于运用"擒贼擒王"之计,因为抓住主要矛盾才是解决问题最根本的途径。在我们遇事迷茫的时候,不妨认真思考一下问题的主要症结在哪里,如果你能想清楚,再运用"擒贼擒王"之策,也许你就轻而易举地解决了难题。

巴尔扎克说过:"一个能思考的人,才是一个力量无边的人。"但愿我们每一个教育工作者都能成为一个力量无边的人。

第四套　混战计
——妙用不利环境

《三十六计》对"混战计"的解说是："处于不分敌友、军阀混战态势之计谋。见龙在田。""混战计"是在战争失去其固有规则的情况下而寻求规则的策略。其要求在混乱之中保持清醒的认识，寻找最可能取胜的途径，创造尽可能好的条件打击敌人。其共包含釜底抽薪、浑水摸鱼、金蝉脱壳、关门捉贼、远交近攻、假道伐虢六个计策。

此套计策要求我们在教育教学中遇到混乱复杂的问题时，保持冷静清醒的头脑，寻找恰当的方法，创造适宜的条件对学生进行教育，具体方法则详见下面对六条计策的使用介绍。

第一计　釜底抽薪
——消除导致错误言行的思想根源促其改正

"釜底抽薪"是指从锅底抽掉柴火。比喻从根本上解决问题。汉代董卓《上何进书》："臣闻扬汤止沸，莫若去薪。"其出自西汉皇族淮南王刘安及其门客集体编写的一部汉族哲学著作，道家作品《淮南子》："故以汤止沸，沸乃不止，诚知其本，则去火而已矣。"

此计的古兵法原文为："不敌其力，而消其势，兑下乾上之象。"其意思是："不要迎着敌人的猛力去与之硬拼，而要设法削弱敌方的气势，采取以柔克刚的策略制服他。""釜底抽薪"是预防事件爆发或爆发后寻求彻底整顿的一种手段，是一种治本的办法。在斗争中，"釜底抽薪"又是一种"兜底战术"，主要是从对方的幕后去下工夫，拆其后台，使其不知不觉间变成一个泄气的皮球。不管在战场、商场或政治舞台上，此计大用大效，小用小效。

我们在教育方面运用"釜底抽薪"之计，就是要找出影响学生进步的根源，消除其心中导致错误言行的不良思想因素，促使其改正错误。

花都新晖学校的高胭老师介绍了这样一个案例:

14 岁的陈×对学习越来越不重视,经常欠交作业。每当老师问及为何未交作业时,他毫无愧意,更像是被老师冤枉了一样不满。在家中,每当家长问及是否做作业交作业时,他的回答大都是肯定的,并且理直气壮地说:"不信,你打电话去问老师!"

经调查,孩子在家与父母关系融洽,家长是很讲民主、很尊重孩子个性的人,家长对孩子的信任超过了对老师的信任。每次老师反映情况,家长选择了相信孩子。家长的过分相信及纵容就是影响陈×进步的根源,高老师必须"釜底抽薪",消除家长的纵容,才能使教育起到应有的效果。高老师采取了以下措施。

首先,取得家长对老师的信任。高老师对家长提出了以下几条建议:①请家长相信我们。高老师隔一天就打一次电话,并转述科任老师们的评价和孩子学习态度上的变化,几个回合后,家长意识到了问题的严重性。②对孩子要适当民主。过度民主和相信孩子,等于放任自流,最后会害了孩子。对于原则性的问题,孩子该做到的一定要求他做到,而且家长要跟进,不能害怕孩子不高兴就回避问题。③对孩子的作业要进行追踪。多检查孩子的作业,多询问老师孩子近期作业完成情况。

其次,促成学生对老师坦白。针对陈×不满意老师投诉家长,高老师进行"问题攻心法":"你是否能承认自己确实没有做作业?""家长那么相信你,你却骗他们有做作业,这一行为对不对?""现在你的行为不改正,将来会失去家长对你的信任,你希望得到这样的结局吗?""老师跟进你的作业情况,让你偷不了懒,让你辛苦一点,但对你学习帮助大不大?"经耐心做思想工作,学生的态度缓和了。

最后,及时表扬家长和学生。学生的进步是家长和学生共同努力的结果,因此但凡有进步便及时表扬家长和学生。

一周后,陈×的多数作业已上交,高老师又抓住其爱看书等优点进行表扬。两周后,陈×的所有作业已交齐,并改掉了上课爱迟到、上课状态不佳等毛病。

当初陈×依仗的靠山就是他的家长,家长讲民主、尊重孩子个性是对的,但没有把握好原则和分寸,造成了对孩子的迁就和纵容。陈×依仗这一点,对自己的错误变得有恃无恐。做家长的工作就是运用了"釜底抽薪"之计,当家长的工作做通后,就彻底消除了陈×的心理依赖,促使其改正了自己的缺点。

在网友"一碧千里"的新浪博客中,记载了这样一个案例:

我班有个小男孩儿,2004年出生,下学期就是四年级学生了,他学习成绩好,记忆力特强,是个爱动脑筋的孩子。不过,因为父母长年不在家,由爷爷奶奶带着,养成了一些坏习惯,特别是管不住自己的小手,爱拿别人的东西。为了帮他改正缺点,我经常给他带零食吃,就是买个馒头也要给他分一点,因此,他和我很亲近。一天,他又拿了别人的钱,我知道后,在他身上找了出来,当时我没有马上批评他,而是在他的作业本上写道:"小涛,你的小手怎么又不听话啦?老师告诉你,这是不健康的行为,一定要改。以后你想吃什么、用什么就找老师,在允许的情况下我会给你买……"没想到,他在下边回了几句:"老师,看了您的批语我真高兴,要是早知道这样,我就不拿别人的东西,找老师要。现在我想要一支小圆珠笔,一盒油画板、一瓶营养快线……"看了这孩子的回话后,我有些忍俊不禁,但看了他后面的"……"号,我真的陷入了深深的思考,是满足孩子的要求,还是拒绝孩子的要求呢?我真没想到这孩子还有这一小招儿,小小年纪便善于"借力打力"。为了孩子的成长,我只有使出"釜底抽薪"之计了。

第二天,我给他买了油画板、小圆珠笔,吃的却一样也没有。然后又在作业的下面写道:"小涛,老师首先肯定你是聪明的,你的逻辑思维超出了比你大三四岁的同学,如果你能将你的逻辑与机智用在学习上,听老师的话,你会有出息的。'自相矛盾'这篇课文,我们已经学过了,老师也讲过了,希望你明白,老师并非是怕你的小手不听话,老师是疼你、爱你,想你做个品学兼优的孩子,你得珍惜老师对你特殊的疼爱,不能'贪婪',自己去查查'贪婪'是什么意思,然后再告诉老师。"我在批改作业时,他又在下面回了我,"贪婪"是不知满足的意思。他说:"我明白了老师的话,谢谢老师给我买的东西,我再也不偷了。"还别说,这孩子真的改正了缺点。

网友"一碧千里"正是因为消除了小涛心里不良的思想因素,所以对他的教育才起到了标本兼治的效果,这就是运用"釜底抽薪"之计的效用。

在讲前面的"调虎离山"一计时,所列举的东华初级中学的张老师,在聚餐的前夕说要当面问董事长而镇住了班上刺头的做法,也体现了"釜底抽薪"之计的思想,所以起到了一招制敌的效果。

此计运用到教学方面则应是:断其杂念,使之专心致志地学习。

现在的学生很不愿意独立思考,一遇到较难的习题,不是消极等待,就是着急发问,而忽视了自己的刻苦钻研,往往不能依靠自己的能力把它解答出来。

针对这种缺乏独立思考的现象,有一位教师在教学中采用了两种方式,以促进学生独立思考。

第一种方式是限时答题。布置题目后,规定答题时间。这样,学生就会在应急状态下去紧张思考,顾不上想其他事情。这种"釜底抽薪"的做法,可高度集中学生的注意力,同时也可以营造考场氛围,使学生今后在考场上逐渐消除陌生感。

第二种方式是戒严五分钟。布置题目后,全班宣布戒严,不许有丝毫的声音,不许问其他同学,只能独立思考。老师形象地渲染道:"就好像后面有人拿着一把刀顶着你,做不出来就看刀。"此时,全班鸦雀无声,只听见写字的沙沙声。五分钟到了,随着老师宣布解除禁令的声音,全班憋久了的讨论、询问、答疑、质疑等声音一下子迸发出来。虽然有的同学还是不能自己解出答案,但是经过这短短几分钟的紧张思考,他们独立探索的能力在提高,这时稍加点拨即思路贯通,喜悦之情溢于言表。如此利用"釜底抽薪",就会逼得他们自力更生、奋发图强。

使用"釜底抽薪"之计就是要在弄清学生出现问题的思想根源后,尽力消除影响其进步的因素,从根本上解决问题,从而促进学生走上正确道路,走向成功。

任何人所做的任何事情背后,都有其思想根源。只不过对于多数事件我们不必过于细究,简单处理即可。但对于一些关乎原则的"疑难杂症",我们就不得不用心对待,找出事件背后的思想根源,运用"釜底抽薪"之计,彻底解决问题。

莎士比亚在《一报还一报》中写道:最好的好人,都是犯过错误的过来人;一个人往往因为有一点小小的缺点,将来会变得更好。在我们碰到那些比较麻烦的学生时,要多花点心思去寻找造成他这种状况的思想根源,运用"釜底抽薪"之计改变他,也许他就会成为"最好的好人",那时,我们就会感到自己的付出是多么值得!

第二计　浑水摸鱼
——使小团体产生矛盾而混乱后归服管理

"浑水摸鱼"的原意是,把水弄混浊了,鱼儿会晕头转向,此时乘机捕捉,往往易于得手。比喻乘混乱之机谋取某种意外的利益。此成语出自老舍的《四世同堂·惶惑·十》:"假若事情已定,他大可以马上去浑水摸鱼,管什么上海开仗不开仗。"

"浑水摸鱼"的古兵法原文是:"乘其阴乱,利其弱而无主。随,以向晦入宴息。"译为今文即：乘敌人内部发生混乱之际，利用其中的小势力力量弱小和没有主导的劣势，使他们归顺我方，就像人要随应天时去作息，天色已经走向黄昏了就要休息了一样自然。在复杂的战争中，弱小的一方经常会摇摆不定，犹如在混浊的水中鱼儿辨不清方向，这样就会有可乘之机。乘着敌方内部发生混乱，利用他力量虚弱且没有主见，使他归顺于我。由于乱生于内而形于外，因此，设谋乱敌最有效的方法莫过于钻进敌人营垒内部，乘机搅浑水，以便从中摸鱼。但更多的时候，这个可乘之机不能只靠等待，而应主动去制造。一方面主动把其水搅混，一旦情况开始复杂起来，就可以借机行事了。刘备之攻取南郡、得荆州、取西川，皆此计也。法国的拿破仑登上王位，也是运用了这一计策。

"浑水摸鱼"这一计策的运用要分两步走：第一步，要设法把水搅浑；第二步，要趁机捞鱼。

运用到教育上，就是要让经常违纪而成员复杂的小团体内部产生矛盾，让他们混乱不堪，从而让他们互相制约，最后在老师的管理下，开始遵守纪律，正常发展。

由于我读大学时是校团委宣传部长兼班级团支部书记，表现较突出，所以刚参加工作时，承蒙领导看重，给我安排了一个"重点班"：有小混混老大，重读了两个初一的，重读了两个六年级的，有多个在六年级时的小霸王，等等。给我安排的指导老师是任教我班数学的"市级三八红旗手"刘老师。开学之初，刘老师当即和领导大吵一架，说她不是收垃圾的，把差生集中到一个班让她教，这样做有些欺负人。领导同刘老师谈心后，说明用意，刘老师才勉强同意。

开学后，这帮"牛鬼蛇神"各显神通，弄得我焦头烂额。记得开学一个月后的一天放学前，我给全班同学做思想工作，我在他们面前表态，要全心全意陪伴他们三年，三年内不找女朋友（这点我真的做到了），讲到动情处，我声泪俱下。全班同学深受感染，很多同学也哭了。

第二天，班级整体上规矩了许多，我暗自庆幸。谁知是我高兴得太早了，我根本没真正理解什么叫作"江山易改禀性难移"。刚刚过了一天，这帮"坏家伙"又故态复萌。年轻就是好，有的是激情，于是我又将有限的青春投入到了无限的教育事业中，特别是与捣蛋鬼们的较量中。

这一次，我要智取。这些"小坏蛋"虽然分成了几个小团伙，但有一个老大统一领导，他们经常互相呼应，团结协作得还蛮默契。我第一步要做的就是分开他们，把他们之间的水搅浑。于是我经常找他们谈心，发现各小团伙之间存在一定的矛盾，并相互妒忌，于是我根据他们透露出的口风巧妙地教育犯错的小团伙,让这个小团伙互相猜疑指责本团伙成员。我还私下争取了两个很活跃的小家伙,玩起了无间道,另外还安排了班级中坚分子利用有利时机和条件偷偷向我汇报他们的动向。当这些捣蛋鬼发觉不管他们干什么,我都一清二楚时,他们之间变得矛盾重重。后来我又用"打草惊蛇"之计收服了他们的老大刘×,让他担任了纪检委员,其他成员便不敢轻举妄动了。

由于我把精力全投在他们身上,节假日我们一起游尽了宜昌的山水,开展了无数活动,因此同学们非常团结。我们的班会活动课获得了市级特别优秀奖,初二时班级又被评为了市级优秀团支部,我们从当初的后进班慢慢变成了耀眼的明星班。

现在想来,当初无意中运用的"浑水摸鱼"之计几乎一直伴随我带领这个班度过了初一的大半个学年,正是这个计策,让我终于搞定了这一帮"小坏蛋",使我在初步走上讲台时便站稳了脚跟并做出了一点成绩。

大家所带的班级,不一定有小团伙,也不一定会遇到"捣蛋鬼集中营"式的班级,所以在班级管理上对待学生只要真心关爱、以诚相待,相信你就能管好班级,赢得学生的爱戴。

另外,"浑水摸鱼"之计运用到教学上,就是要在貌似混乱的状况中,让学生展现最真实的自己或使学生各自充分展现自己的能力,在此基础上引导学生解决问题并掌握相关知识,使我们的教学更有实效。

比如,课堂上学生讨论的时候,一些老师不是在讲台前踱步,就是不时焦急地看看时间,往往还没讨论到实质内容,就急急忙忙地喊停了。其实,在学生讨论的时候,正是老师采集真实信息的时候。老师这时应该深入到学生中去,趁学生七嘴八舌貌似乱哄哄之际,东听西看、不时插嘴问上几句,而这个时候,学生也往往最喜欢和老师交谈。教师可以"浑水摸鱼"之名,来行获取真实情况之实。教师在获取真实情况后再进行针对性讲解,学生就会接受得更好。

1979 年 6 月,中国曾派出一个访问团去美国考察初级教育。回国后所写的报告中说:"无论是公立还是私立学校,音、体、美活动无不如火如荼,而数、理、化则乏人问津,课堂几乎处于失控状态。学生或挤眉弄眼,或谈天说地,或跷着二郎腿,更有甚者,如逛街一般,在教室里摇来摇去。"由此,访问团得出下面的结论——"美国的初等教育已经病入膏肓,可以这么预言,再用 20 年的时间,中国的科技和文化必将赶上和超过这个所谓的超级大国。"

然而截至 2014 年,美国"病入膏肓"的教育制度却培养了 43 位诺贝尔奖获得者和197位知识型亿万富翁,而中国还没有哪一所学校培养出一名这样的人才。

如今,我们再看美国的教育,它还是这样,实行快乐教育,把课堂弄得犹如"浑水摸鱼",但我们从结果再来反思它的过程,也不得不承认美国的"浑水摸鱼"之计的合理之处。他们这种貌似无序的课堂,实际上是在充分承认孩子的天赋的基础上张扬了他们的天赋。

王晓春老师在《别人夸两句,切莫飘飘然》这篇文章中说:"美国的校园风气,对尖子生特别有利,而对那些中低档的人才不利;我国正相反,我们这种苛酷的管理和训练方式,有助于批量生产中低档人才,但会严重压抑优秀人才,尤其难以产生大师。"王老师建议:"我们最好能找到这两个极端的平衡点。"

如今,我国各地也在纷纷进行课堂组织形式的变革,杜郎口中学的小组合作学习在全国刮起了一股旋风。这种小组合作学习就是运用"浑水摸鱼"之计,尽量发掘学生的优势,课堂貌似没有以前那种军事化的风范了,但事实上,在这种状态之中,我们实现了小组合作学习,实现了兵教兵的目的,因此教学效果有了明显改善。

在教育中实施"浑水摸鱼"之计,要有相关的环境;而在教学中实施"浑水摸鱼"之计,就要把握实施该计策的目的和实质。这样,该计策才能起到真正的效果。

第三计　金蝉脱壳
——从不利的环境中脱身以便求援或考虑应对策略

"金蝉脱壳"的意思是蝉变为成虫时要脱去幼早的壳。比喻用计脱身。元代关汉卿《谢天香》第二折:"便使尽些伎俩,千愁断我肚肠,觅不的个金蝉脱壳这一个谎。"其出自《金瓶梅词话》第三十五回:"这贲四巴不得要去,听见这一声儿,一个金蝉脱壳走了。"其在吴承恩《西游记》第二十回也有用到:"这个叫做'金蝉脱壳计':他将虎皮盖在此,他却走了。"

"金蝉脱壳"的古兵法原文是:"存其形,完其势,友不疑,敌不动。巽而止蛊。"意思是:"保持阵地原形,保留完整的阵势,使友军不怀疑,敌人也不敢贸然进犯,要在敌方困惑时转移主力。"

"金蝉脱壳"是认真分析形势,准确做出判断,摆脱敌人,转移部队,但绝不是消极逃跑,而是一种分身术,要巧妙地暗中调走精锐部队去袭击别处的敌人。但这种调动要神不知鬼不觉,极其隐蔽。因此,一定要把假象制造得很逼真的效果。转移时,在原来的阵地上依然要旗帜招展,战鼓隆隆,好像仍然保持着原来的阵势,这样可以使敌军不敢动,友军不怀疑。

用在教育中,多指当遇到极其不利的教育环境时,要想办法及时脱身,以便求助外援或考虑有效的应对策略,以扭转教育局面。

初到东莞的华南师大嘉玛学校时,我带的班有一个叫袁××的女同学表现得较为积极上进,而且展示出了一定的能力,虽然她也不时违纪,但我仍让她担任了副班长。在"调虎离山"计策中我提到当初有一些调皮生捣乱,在刚刚担任德育主任的一位老教师的支持下,他们几乎不听从我的管理,我用"调虎离山"之计重新把握了班级管理的主动权。其实,这里面带头闹事的就有该女同学。我既往不咎,让她继续担任副班长。

可是不久,我发现班上另一位叫袁××的女同学心情低落,而且好像哭过的样子,我把她叫到办公室谈心,但她就是不愿说出实情,我保证给她保密后,她才说副班长袁××经常在宿舍煽动同学们和老师对抗,有一次她实在忍不住了,说:"李老师那么好,这样做好像影响的是我们自己吧?"结果她就成了宿舍众女生的攻击对象,她们经常无缘无故地骂她。说完后,她又请求我别传出去,她担心会有更大的报复。我答应了她。

我找到管女生宿舍的杨萍教官(她当时还是女教官队长),向她讲明了具体情况,并和她一起商讨了管理措施。女教官了解情况后瞄准时机,一天在她们正讲话时,女教官进去了,对她们说道:"开学以来,你们宿舍讲话最多,从开学到现在,你们总是讲要和老师作对,这对你们有什么意义吗?希望你们从今天起遵守纪律,安静就寝。"

第二天一大早,我就找来该宿舍全体成员,把她们分隔开来,请她们各自把开学以来宿舍里所发生的违纪事情写下来。收上来后,写得太简略的要求她们重写。我看了她们写的内容,然后留下了副班长袁××,让其他同学上课去了。我针对她写的内容说:"你知道吗?我一直很信任你,你是副班长,又是寝室长,老师在你身上寄予了很高的期望。你写的内容大部分属实,说明你是个诚实的同学,但你知道吗?你有一个最根本的、最严重的内容没写。你是聪明人,我不说你也应该知道,希望你如实补完后我们再谈。"她终于补上了欺负袁××同学的内容。我说:"在愚蠢的人面前说多遍她也不会懂,在聪明人面前提一下她就知道应该怎么做。所以这件事希望你作为宿舍的带头人能把它处理好,我会跟踪这件事的。"她笑着答应了。

之后,好像一切平稳下来了。然而,初二时,曾受欺负的袁××同学又低落了,和她谈心死活也不开口了。我利用她文采较好的优点,帮她发表文章;又找她帮忙,说我初到东莞,各方面都不熟悉,特别是我爱人想多走走,好熟悉这里的环境,想请她帮忙带带路,她答应了也做到了,但始终没透露情绪低落的原因。后来甚至因此多次请假,患上了抑郁症。

终于,一直帮我留心观察的生活教官发现了问题,原来,同宿舍的同学经常用脚踩她的床单。生活教官开始教育那间宿舍的同学,她们说是不小心踩的,教官也没在意。后来发现袁××同学的床单有好多脚印,各种各样的,有的还踩到中间去了,教官终于明白了原因。

我很生气,用同样的方法调查后,明确了副班长袁××同学是主使者。我要她把这件事的起因经过结果认真写下来,并请她想想解决这件事的办法,因为受伤害的袁××同学的抑郁症是心病,需要心药医。她答应了,我们商量了解决问题的方法和步骤,要力争使受伤害的袁××同学恢复原来的活泼开朗。

结果,当天晚上副班长袁××同学回宿舍时,一脚踢坏了宿舍门,还大骂老师。教官很生气,直接反映到了学校德育处,德育处主任通知她的家长到学校来。

第二天,我来到德育处,同副班长袁××同学的父母及德育处主任一起听袁××同学讲述了事情经过,我真佩服副班长袁××同学的编造能力,以后不去写《天方夜谭》续集真是对人才极大的浪费。女孩的父母说,我女儿小学一直是班长,各方面都很优秀,怎么会随便踢坏宿舍门呢?德育主任说:"班主任是要调整工作的方式方法,在这里我首先向你们表示歉意。"

我毫无防备,不好推翻该生的发言,否则就变成了争吵,所以很尴尬,只好先用"金蝉脱壳"之计,暂时脱离这个环境后再想想到底应该怎样处理。于是我装出内急的样子对在座的各位说:"对不起,我去去就来。"

出来后,理了一下思路,我迅速找到副班长袁××同学写的几份材料,带在身上;然后打通了生活教官的电话,请她到德育处来一下,我就等在德育处门口附近。

我请生活教官对事件进行了还原,并以袁××同学亲自写的材料为证,终于使袁××同学的父母及德育主任相信了事实。袁××同学的父母变得好像非常配合,我对袁××同学的父母说,既然你们来了,也请你们协助袁××同学帮助班上的另一位袁××同学从抑郁症里走出来。

遗憾的是,当天随父母回去后,副班长袁××同学没过几天就办了转学手续。这让我筹划的后期工作留下了无尽的遗憾。

在这件事情的处理过程中,当德育处主任、家长和学生三方面都共同质疑我的时候,我真有发火的冲动,但好在我及时克制住了,运用"金蝉脱壳"之计,出来后冷静下来,才让自己较理智地处理好了该问题。因此,当某些伤脑筋的问题及场合出现,而自己暂时无法把控时,不妨运用"金蝉脱壳"之计,先让自己冷静一下再说。这样往往能让自己更好地处理问题。

另外,在教育学生的过程中,对于突然发生的一些意想不到的事件,老师应讲究点策略,以自己的智慧干脆利落地处理好,使自己迅速从中脱离出来,来个漂亮的"金蝉脱壳",以避免事件升级。下面这个案例中这位老师的做法是值得借鉴的:

一天早读,有一位老师去教室辅导,看到后排有一位同学趴在桌上,他顺手拿起一本书朝他背上轻轻拍了一下,他猛抬头,甩出一句:"干什么?我没有睡觉!"满脸骄横。此时,同学们并不知道师生间发生了什么,老师努力保持平静的心态,微笑着说:"那你说,你趴在桌上,老师该怎么办?噢,对了,你的作文写得不错,那你写一篇《假如我是老师》的文章吧!"说完,老师则继续往教室的其他地方辅导去了。老师"金蝉脱壳",不再纠缠于此事。当天午饭后,那位同学到办公室找到老师,说:"老师,我错了,我不该那样没礼貌。"看得出,他是真心悔过,老师自然原谅了他。

使用"金蝉脱壳"之计是智慧的表现,不是胆怯和懦弱,是以退为进,是为了消解当前的不利形势,便于自己在解决问题时保持冷静。因为当初的"退一步海阔天空",会让自己的思路更全面,更清晰,有利于自己以更理智的方式解决问题。

愿我们的教育工作者在遇到特殊情况时,不要冲动,因为"冲动是魔鬼",巧妙运用"金蝉脱壳"之计,为自己留下完美解决问题的机会,为自己的形象增光添彩。

第四计 关门捉贼
——将受教育者的退路堵死使其改正错误

"关门捉贼"出自《三十六计》,是流传已久的民间俗语,其义与另一民间俗语"关门打狗"的意思相近。意义从字面上可以看出,是一种围困并歼灭敌人、特别是小股敌人的计谋。该计一般都还配合着其他计谋使用,在中国军事家中,有相当多的人成功地运用过"关门捉贼"之计,而且"开""关"都非常适时,运用得非常自如。

其古兵法原文为:"小敌困之。剥,不利有攸往。"今义是:"对付小股敌人，要围困起来，将其消灭。如果让他们走掉，便极不利于我方追击。"当然，此计如果运用得好，还可以围歼敌人的主力部队，古今战斗不乏这方面的经典战例。使用此计较早的著名战例有战国时期孙膑和庞涓之间的马陵道之战、秦赵长平之战、楚汉垓下之战等。

"关门捉贼"属于要灵活运用的计策。要么利用敌人的弱小和孤立，要么利用它主动闯入我方领地的时机，要么发挥自己的优势，切断敌人所有的后路并置之于死地。倘若缺少其中一个条件，对敌人封锁就可能对自己不利。蜀国丞相诸葛亮就曾因此而失败。

"关门捉贼"之计运用到教育上，就是要结合各方面的条件，将受教育者口中的退路一一堵死，使他不得不把心思运用到学习上来。

我刚参加工作时，我带领的由各路"英雄"汇聚而成的班级中有一位李××，在我校档案资料中，介绍他是小学里的小霸王，连老师对他都是退避三舍。

升上初中后，他的母亲希望他有新的转机，所以和我沟通较多。而他同读小学时相比，确实是有了变化。读小学时在班里他唯我独尊，现在在我班这个小江湖里经过"华山论剑"，他不得不屈从于两个比他更厉害的角色：读了两个初一的小混混老大刘×，读了两个六年级的官二代宋××。为了增强实力，他和另外一个曾经的小学霸王邓×结成了"黑白双煞"组合，二人合力勉强占据了"江湖第三"的排名。

李××是其中最活跃的人物，每天没事也要掀起三尺浪，真是无时无刻不在活动中。找他谈话吧，也都是一些鸡毛蒜皮的小事，不找他吧，他整天让班级不得安宁。我找他谈了几次心，找到了根源，那就是无心向学，所以无事生非，对于他不好好学习这个现象，他总是找各种借口狡辩。

通过和他母亲商量，我们决定对他来个"关门捉贼"。当我、李××和他母亲我们三人坐在一起时，李××的第一个借口是座位周围的同学影响他，我没有直接反驳实际是他影响别人，而是三方协商后给他选定了教室最前面靠右边的位置，周围安排的都是优秀生；他的第二个借口是下课后那些差同学总是找他，让他不得安宁，我们协商的结果是下课后他必须拿上语、数、英任意一门学科的作业或资料，到我这儿补习，如果没来，下节课后要来说明原因，半天没来要写明原因；他说放学后他们总是拉他一起去玩（其实是去抽烟等），我们协商的结果是他母亲每天来接他，如果他母亲有事就请他叔叔来接。他本来还想说什么，但发觉说得越多，针对他的措施就越多。最后我们针对他上课大喊大叫、自习课随便下位等也制定了相关措施。虽然他有些不情愿，但又无可奈何，只好接受了。最后，在她妈妈声泪俱下动之以情的情况下,我抓紧机会动员,把他争取为我的情报员,专门留心他们那个小圈子的情况。

以后的日子里,我和他母亲经常督促、沟通其表现情况,加上班级大环境的好转(班里的小团伙瓦解,老大成了纪检委员),李××同学取得了较大进步。

所以碰到李××类似的同学,我们不妨家、校合力,来个"关门捉贼",多花点心思在孩子身上,这样活跃的孩子走上正轨后,他们往往都是会有大作为的。

当然,对于一些不良现象,我们也可以采用"关门捉贼"之计,这样能比较好地解决问题,取得较好的处理效果。黄家口镇小学的吕大学老师就列举了几个案例:

案例一:一位学生吃饭时随意乱扔残渣,我发现了便留下所有学生,让他们都来谈谈怎样看待这件事。大家你一言我一语的,都来教育他,在大家的共同努力下,这个学生再也不随便乱扔东西了。

案例二:某天晚上就寝时有两位学生说话,恰巧被我听见了,我便把同寝室的八位同学一起喊到值班室,让他们在那里说出是谁在说话,然后就处理其他事情去了,这几位同学一开始还互相告诫,都不要说,可时间一长,他们都很困了,但又不能睡觉,便都开始埋怨说话的同学,说他们拖累自己睡不成觉。过了一会儿,我才进来对他们说:"以后不要再在就寝的时候说话了,很影响休息的。"同学们连声答:"是"。

案例三:某同学喜欢占别人小便宜,有位同学的一支钢笔不见了,怀疑是他拿了,便及时地告诉了我。我心想:刚才还在,一会就不见了,肯定是班里的某个同学拿了。便对同学们说:"大家书包里都装有零食吗?上学带零食可不是好现象啊。"同学们都回答:"没有!"我装作不相信,同学们便都把书包里的东西倒出来让我看,果然,在那个爱占小便宜的同学的书包里发现了别人的钢笔。我对他说:"你新买了一支钢笔呀,好漂亮啊。"他忙说:"不是我买的,是我借某某同学的。"我又说:"那就好,用过后可别忘了归还啊。"

在上面三个案例中,都运用了"关门捉贼"之计,都是让教育对象在特定的氛围中受到特殊的教育,从而促进问题的解决。

案例一中,吃饭时随意乱扔垃圾的学生由于受到大家的教育,一定会感受到舆论的力量,感受到"关门捉贼"式教育的压力,这样对其以后的行为也会起到心理暗示的作用,因此他应该会就此改正自己的错误,而且这对其他人也起到了教育作用。

案例二中，教师把讲话的学生同寝室的八位同学全部叫到值班室，为"关门捉贼"创造了条件，当他们和老师处于对立状态时不急于处理，而随着时间的推移，同宿舍的同学们便转移了矛头，对准了讲话的同学，使讲话的同学处于孤立的状态，这时老师的教育，便易于达到"关门捉贼"的效果。

案例三中，教师及时处理，运用"关门捉贼"之计，使学生偷的钢笔根本没有时间转移，同时"声东击西"，转移学生的关注点，从而一举查出了被偷的钢笔。另外，老师故意"打草惊蛇"，提醒偷笔的同学要记得把笔还给别人，使这位同学得到了教育。如果这位学生经过这次教训不再偷了，那么我们的教育目标就达到了！

就这三个案例的处理结果来看，对"关门捉贼"之计使用得还是比较成功的。

河南的许翔老师在此基础上还列举了一个案例：

某教师上课时，在教室里发现了烟蒂，他顿时明白有同学在抽烟。他没有着手调查这件事，而是开了一个班会，主题就是"抽烟好吗"，在班会上同学们展开了讨论，大家踊跃发言，都说出了抽烟的危害。有位同学惭愧得低下了头。教师此时才知道是他抽了烟。教师适时对同学们说："既然抽烟对我们有这么多的危害，我们大家今后要怎么做呢？"同学们又畅所欲言。他请那位抽烟的同学起来发言，那位同学也表示坚决反对抽烟。教师见目的已经达到，便对班会进行了总结。

在本案例中，教师没去调查是谁抽烟，而是运用班会的形式，对抽烟现象形成"关门捉贼"之势，从而使抽烟的同学深受教育，也使全班同学受到了教育。这就是高明的做法。

"关门捉贼"之计运用到教学上，就是对知识的讲解要做到高屋建瓴、居高临下。首先要讲清知识的来龙去脉、整节的概要，形成"关门捉贼"之势，然后再逐个击破。

在语文教学中，黎世法的单元教学法，便是先介绍单元概要，使学生对整个单元的内容有了大概的了解，做到心中有数后，再把整章的教学内容按所需掌握的知识结构划分为六个课时，逐一完成，实现部分之和大于总体的教学意图，即先总体把握，再实施分割，最后各个击破。这种"关门捉贼"式的教学，使学生不但知其然，还知其所以然。

爱因斯坦说过："你必须去学习游戏规则。然后，你还要比别人玩得更好。"对于代表古人最高智慧的兵法，是值得我们学习了解的。我们不仅要学习弄懂这些规则，还要懂得灵活运用到我们的教育教学工作中，这样，才能使自己的工作更上一层楼。

愿我们能分享古人的智慧，学会并合理使用好"关门捉贼"之计。

第五计　远交近攻
——与外部学生有冲突应处理自己的学生疏导外部学生

"远交近攻"出自西汉刘向所编的《战国策·秦策三》："王不如远交而近攻，得寸则王之寸，得尺亦王之尺也。"其意为结交离得远的国家而进攻邻近的国家。这是秦国用以吞并六国，统一全国的外交策略。

其兵法原文是："形禁势格，利从近取，害以远隔。上火下泽。"今义是："在受到地理条件的限制时，攻取靠近的敌人就有利，越过近敌去攻取远敌就有害。火向上烧，水往下流，是我方使敌人相互矛盾、离违的情形，而我正好各个击破。"

此计运用到教育上，一般是指本班、本学部、本校学生与外面的同学发生矛盾冲突时，对本班、本学部、本校的同学要严肃处理，而对外面的同学要进行沟通和疏导。这样往往能够使他们冰释前嫌，防止波澜再起。

在华南师大嘉玛学校的第三年（也就是我到东莞的第三年），我作为中学部的德育主任，除了管理初中、高中学生，有时还要处理一下本学部学生与国际部学生之间的矛盾。那时国际部刚成立，各项制度还不健全，教师只有七八个，校长就有三个，这些"外籍"人士基本不怎么管学生。因为两个学部在同一个校区，经常会发生很多事情，当时的中学部彭云松校长又兼任总校校长，很忙，所以学生间的违纪事件往往都是我在处理，导致国际部的学生都误会了我的身份，见到我就叫"校长好"。

有一天晚上，生活教官杨萍队长给我打电话，告诉我说中学部的六名女同学冲进国际部宿舍，将国际部一名女同学给打了，学生现在都被带到了值班室。我请杨队长将她们分开写好事情经过，并做好安抚工作，我第二天去处理。

第二天，我到生活部值班室去取学生的笔录，顺便把被打的郭××带到我的办公室，请她讲讲事情的经过。原来上周郭××去饭堂吃饭，不小心撞到了香××，没等她道歉香××便大骂，随之便吵了起来，被当时值日的生活教官批评了几句后便分开了。

由于在一个学区内上课，后来在路上碰到，相互看着不顺眼，也会吵几句。本周日返校路上相遇，再次发生口角。前一天晚上香××等六人来到郭××的寝室硬拉郭××去外面谈，郭××不去，最后相互拉扯在一起。郭

××的脖子不知被谁抓了几条血痕,而香××的头发被扯掉几缕。直到被教官杨队长发现并叫到值班室。

我问她,你脖子需要治疗吗?需不需要告知家长?你希望老师怎样处理这件事?她说不需要治疗,而且不希望麻烦家长,只是希望双方不要再继续吵下去,好好相处。

我看了他们的记录,香××等人表示是郭××故意撞了香××,而且多次故意骂她们,所以她们才找郭××说理。我知道,学生间的矛盾不需要老师去查个一清二楚,最重要的是尊重他们的感受,协调好他们的矛盾就好。

于是我对郭××说,你放心,我尊重你的意见。只是这次你受委屈了,我会安排香××等人给你道歉,请你到时候能和她们互相谅解。

接着我叫来了香××等六人,她们一副无所谓的样子。我请她们坐下,谈谈对这件事情的看法。她们觉得是对方先撞人,而且撞人后还不道歉,后来又骂她们,她们只是去问责而已。

我问她们:"你们觉得你们的处理方式是对的吗?"她们说:"也没错啊!""真的没错?你们经常性地互相争吵没错?跑到国际部宿舍打了人也没错?学校是不是有不准串寝的规定?何况还是串寝打人!"

我说:"你们是学校的首届高中生,其中陈××等你们三位我曾教过你们一学期,我感觉你们是很善良的,你们也应该能感觉得到学校对你们是多么关照,学校开展的各方面活动,哪次不是优先安排我们高中生,老师总是对我们热情关怀,可你们呢?有事也不向老师反映,跑到国际部闹事,给我们中学部造成一些不良的影响。如果郭××不肯原谅你们,坚持按照校规校纪处理,你们每个人都逃不掉处分。现在,我想了解一下你们心中的想法。"

我给她们发下纸笔,她们很快写好并交上来了。归纳起来有下面五点:第一,同学之间应该宽容,不应该为一点小事斤斤计较;第二,同学之间有了矛盾也不应该以打架的方式解决;第三,不应该违反学校规定,不应该随便串寝;第四,应该相信老师,在矛盾扩大前应及时向老师反映;第五,希望学校能给一次机会,不要处分。

我问她们是否想和平解决此事。她们说想,但不知怎样解决。我告诉他们现在事情暂时只反映到我这里,我建议她们给郭××同学道歉,如果能相互谅解,不打不相识,一笑泯恩仇,从此相逢是朋友,那么我会压下此事。如果继续保持矛盾,还要闹,就按校规,给予记过处分。她们都同意道歉并握手言欢,还拥抱在一起。

正是因为运用了"远交近攻"的策略,这件事得到了圆满的解决。第二年,张福才老师担任了国际部德育主任,我们密切配合,国际部德育方面的情况渐渐走上了正轨,学校的整体状况也有了很大提高。我多次见到郭××和香××同学在开心地交谈的情形,禁不住开心地笑了。

正值青春年少的学子们是活跃的,与外班(学部或学校)的孩子发生矛盾在所难免,而当矛盾发生时,正是我们帮助学生解决问题的契机。我们不要护着自己班里的学生,听他们的一面之词而一味指责外班的学生。学生之间发生矛盾后,细究对错没有实际意义,而应运用"远交近攻"之计妥善处理,这样不仅可以帮学生学会如何与外面的同学沟通交往,让他们学会"严于律己,宽以待人",而且学生也许会因为不打不相识而成为朋友,我们自己也可以将此作为一次协作解决问题,提高能力的机会而加以好好珍惜。

运用到教学上,我们应该可以从秦祖莉老师所写的《远交近攻,读写结合——初探构建作文课高效课堂的策略》一文中得到启示。秦老师从"远交诗书是长矛""近攻课文乃短剑""远交近攻巧配合"三个方面进行阐述,告诉我们一要培养学生广泛阅读的兴趣,尤其是阅读文学名著的兴趣,以训练学生的阅读能力,提高学生的文学修养,促进学生增加提高写作水平必备的知识积累;二要引导学生通过阅读文质兼美的课文,设计系列写作训练,以促进学生对课文的主旨、形象、技巧、细节、语言的把握,甚至形成对某句话、某个词有感而发,写作成文,模仿课文写法进行作文,对课文进行改写、续写、扩写或缩写,将某一文体课文改编成为另一种文体等方面写作能力的形成及提高;三要把远交和近攻相结合,使我们的作文课堂真正达到高效。

秦老师认为,远交诗书如长矛,有效地帮助学生培养欣赏文学作品的兴趣,是击破学生作文难这一大障碍的利器。利用课文来训练学生写作实战,能起到立竿见影的训练效果,其在构建高效作文课堂中所起的作用正如一把锋利的短剑。而"远交近攻"相结合,就能切实提高学生的作文能力。

秦老师根据阅读与写作距离的远近,形象地将阅读课外文学作品比作"远交",而将阅读课文并借鉴其写法进行写作训练比作"近攻",形象地阐明了阅读与写作的关系,这也算是对"远交近攻"这一计策的创造性运用吧!

富兰克林告诫我们说:"懒惰像生锈一样,比操劳更能消耗身体;经常用的钥匙,总是亮闪闪的。"作为教育工作者,我们就要让自己的头脑像经常用的钥匙一样,总是亮闪闪的,这样我们对一切问题就能充分发挥出自己的教育智慧。比如,运用"远交近攻"这一计策,就不会因为是其他学生和自己的学生发生冲突,而因个人情感导致出现处理失当的问题。

希望我们能充分提升自己,让勤奋点亮我们的智慧心灯,让自己成为运筹帷幄的教师!

第六计 假道伐虢
——让犯错者在协助老师帮扶别人时得以改进

"假道伐虢"的意思是以借路为名,实际上要侵占该国(或该路)。其出自春秋末年鲁国史官左丘明根据鲁国国史《春秋》编成的《左传·僖公五年》:"晋侯假道于虞以伐虢,晋灭虢,虢公丑奔京师,师还,袭虞灭之。"

其古兵法原文是:"两大之间,敌胁以从,我假以势。困,有言不信。"意思是:"处在敌我两个大国之间的小国,当敌方威胁它屈服时,我方应立即出兵援助,以借机扩展势力。当然,对处在夹缝中的小国,只用甜言蜜语是不会取得它的信任的,一方往往以'保护'为名,迅速进军,控制其局面,使其丧失自主权,然后再乘机突然袭击,就可以轻而易举地获得胜利。"此计在军事、外交、政治上都是"以假示真",真真假假施计于人,方可取胜,所以,此计的实践运用,在古今中外历史上都不罕见,并且总有新意。此计的关键在于"假道",善于寻找"假道"的借口,善于隐蔽"假道"的真正意图,突出奇兵,往往可以取胜。

"假道伐虢"运用到教育上,可以"假道"于经常违纪的同学,请他协助老师改变其他爱违纪的同学("伐虢"),在改变其他违纪同学的同时,使协助老师的同学也得以真正改变,从而促进班级形成良好的班风。

还是以我刚参加工作时"英雄"汇聚的班级故事为例子。当时经过"华山论剑",据称是小混混老大的留级生刘×以自身实力在我班这个新江湖再次荣登老大宝座,而我班其他"豪杰"依序排位,各统一方。

在《关门捉贼》这篇文章中,记载了我抓住机会,经过动员,把李××争取为我的情报员的事情。其实,真正让我的"假道伐虢"之计得以实施并取得效果的,是我对小个子智多星李×实施的教育。

智多星李×是个活跃的人物,喜欢别出心裁。他想拥有自己的"江湖"地位,经常吹捧老大,表面上又好像对此不屑一顾,不想参与"江湖"是非。然而关键时刻,他又常常出些坏点子,好多江湖行为都是他策划的。但他很郁闷,因个子小,团伙内没人尊重他,特别是老大刘×常拿他出气。

在一次他被老大骂得流泪之后,我对他展开了"攻心战"。我问他为什么爱跟老大这一群人在一起,是否也想在"江湖"上混出一席之地?他说没跟着老大混,是有一些同学常常找他玩。我说:"你可以不理啊。"他说:"除非自己想过得不自在。"我问:"你是真心的不喜欢现在这样吗?"他没表态。我说:"你觉得你们这样好吗?家长还有老师为什么会为你们着急?我知道你很聪明,也有自己的理想。如果你能帮我解决老大的问题,我保证他们再也不会烦你。"他点点头,问:"怎么帮?""只要你提供他们每天的活动情况。若有有利时机,你也可以劝劝刘×同学。"

这样,我就有两个"小间谍"替我提供情况。但李×其实很狡猾,经常会耍滑头。好在两个小间谍之间口风很紧,互相不知对方在玩无间道。因为李××被"关门捉贼"后,放学后母亲都及时接他回家,所以放学后校外的情况他不太清楚,但常能提供他们的大致行踪。因此,我据此询问李×时,他的几次谎言都被我揭穿了,搞得他不得不说实话,而且他再也不敢轻易策划一些活动了,他还汇报说曾多次抓住机会劝说过刘老大。这样使得我的"浑水摸鱼"之计得以顺利实施,弄得他们貌合神离,在我用"打草惊蛇"之计收服他们的老大后,他们的小团伙基本就解散了。

我知道智多星李×的潜在危险很大,必须加紧控制,如果趁老大缺失,他运用智商大行其道,说不准会弄得班级风云再起。我加强了对他的关心,除了谈心外,还积极家访,与他的家人取得了共识:即每天由他的姑姑督促他按时上学放学,晚半个小时没到家则和班主任联系;督促他完成作业后,亲自检查并帮他讲解改正。李×不愧是智多星,心思用到学习上后,成绩上升得很快,由被动学习变为了主动学习。我的"假道伐虢"之计取得了圆满成功。

其实,在平时的班级管理中,我们也常常运用"假道伐虢"之计。一位实习教师在所写的一篇名为《顺水推舟》的文章中,记载了一个案例:

一天早上,路过教室,发现秦×同学(曾与老师顶牛)正在丢扫帚玩。当他发现老师时,赶忙假装用扫帚扫地状。这位老师心想,如果当场批评他,一来他已改作扫地状,理由不充分,二来又会顶起牛来,不如顺水推舟。于是,他假装没看见,到上课时,还表扬该学生早上到校自觉打扫教室,他顿时脸红了。第二天,真的早早来到学校打扫教室了。这样,带动了一批同学,甚至形成了风气,谁早来就先打扫环境卫生。

这位老师灵机一动,借助早上该学生假装用扫帚扫地这一件事,对他进行了表扬,帮他从内心批评了自己丢扫帚玩这种不良行为,并促使学生将打扫教室这一借口变成了实际行动。可见"假道伐虢"之计运用得巧,效用是很好的。

又如,为了激励学生考出好成绩,我们会让学生制定学习目标,为了帮学生达到目标,又会引导学生确定竞争对手,在平时的学习生活中与对手展开竞争,以达到提高学习成绩的目的。这也是运用了"假道伐虢"之计。

对于玩电脑游戏、上网聊天、看课外书等过于痴迷,影响了正常的学习生活的同学,我们也可以运用"假道伐虢"之计,引导其将心思运用到解决实际问题上来,将学习与爱好相结合,最后达到回归正常状态的目的。至于在这样的问题中如何具体运用"假道伐虢",我们可以借鉴后面"连环计"一篇中"编程高手"的案例中那位教师的做法。

放弃选择是一种遗憾,而选择放弃却是一种谋略;垂青机遇是一种梦想,而机遇垂青则是一种运气。因此,在遇到学生问题的时候,我们任何时候都不要放弃选择,因为我们的方法总会比困难多,有很多的教育策略供我们选择。我们应坚信自己一定能解决问题,并通过处理教育教学中的各种问题,而使自己的能力得到进一步的提高。

第五套　并战计
——营造有利氛围

《三十六计》对"并战计"的解说是:"对付友军反为敌态势之计谋。终日乾乾。""并战计"是以防范为主,免被他人兼并,用以自固的计谋。其共包含偷梁换柱、指桑骂槐、假痴不癫、上屋抽梯、树上开花、反客为主六个计策。

运用到教育教学方面,就是要在不利于教育教学的情况下,利用巧妙的方法营造出有利的氛围使教育教学活动得以顺利进行。其具体介绍如下。

第一计　偷梁换柱
——通过转移学生的关注点来转变学生

"偷梁换柱"比喻暗中玩弄手法,以假代真。语出唐朝张守节《史记正义》引《帝王世纪》:"纣倒曳九牛,抚梁易柱。"后世多作"偷梁换柱",比喻玩弄手法,暗中改变事物的内容或事情的性质。《红楼梦》九十七回:"(李纨)一头走着,一头落泪,想着:'……偏偏凤姐想出一条偷梁换柱之计,自己也不好过潇湘馆来,竟未能少尽姊妹之情,真真可怜可叹。'"

其古兵法原文是:"频更其阵,抽其劲旅,待其自败,而后乘之。曳其轮也。"意思就是:"频繁地更换盟军阵容,抽调盟军阵容的主力,等待它自己败落,然后再乘机兼并它。拖住了车轮,车子就不能运行了。"历史上吕后杀韩信、胡亥篡位就是运用了"偷梁换柱"之计。

"偷梁换柱"之计运用到教育上,就是要明白:学生的兴趣和爱好不是天生就有的,而是后天培养起来的,且随着环境的变化会发生不同的变化。所以,在很多时候,我们都可以通过转移学生的兴趣来转变学生,达到教育者的目的。下面这个名为"绝妙的规劝"的故事,应该可以使教育者得到一点启发:

一群淘气的孩子总是往一个花园里扔砖头，主人很无奈。有一天，他找到这群孩子说："我看你们扔得很高兴，不如大家进行一个比赛，谁扔得最远可以奖10块钱。"孩子们一听有"奖金"，比平时扔得还带劲，比赛结束后优胜者果然得到了钱。第二天，孩子们早早地就来了，主人说今天第一名只能得5元钱。孩子们仍很兴奋，5块钱也不少啊！第三天，奖金降到了1块钱，有一些人嫌少就走了，但仍有人继续玩。第四天，主人说今天胜利者只能得到1毛钱。孩子们听了很不屑："就1毛钱，谁给你扔啊！走！"孩子们走了，从此再也没有来过。

　　花园主人巧妙地将孩子的关注点由扔砖头转移到扔砖头的奖金上来，随着奖金的减少，孩子们对扔砖头这件事也没了兴趣。花园主人一招"偷梁换柱"之计，解决了孩子们往花园里扔砖头的问题。

　　当然，有时候我们还可以根据情况把对教育对象不利的内容来个"偷梁换柱"，帮教育对象摆脱难堪的境地，在教育对象感受到老师真切的关爱之后再进行教育，在这种情况下教育对象往往更愿意接受老师对他的帮助。

　　在"美丽的谎言"这个案例中，讲述了这样一个故事：

　　记得有一次我在听课时，上课的老师看到一名女生没有注意听讲，而是偷偷地在一张纸上写着什么，老师走近一看，原来竟是写给班级一名男同学的情书。老师一句话也没有说，只是轻轻地从那个女生身边拿走了纸条，就像什么事情也没有发生，准备继续讲他的课。而下面几个眼尖的男同学却不依不饶地哄笑起来，意思好像是要让老师读出那纸条上的内容，满足他们的好奇心。而这位老师没有回避学生的好奇，反而清了清嗓子，大声读道："母亲是伟大的，我爱我的母亲。"然后，他又用饱含深情的目光看了一眼那女孩，便一声不响地回到讲台，继续讲他的课。老师说了一个美丽的谎言，使那女孩尴尬的神情立刻烟消云散，并感受到了老师谎言的美丽和崇高，心中漾起了感激的涟漪，缓和了课堂气氛。

　　这位老师运用"偷梁换柱"之计，使那位女孩心中充满了感激，在这种状态下，老师再去教育她，她应该不会有抵触情绪，老师因势利导，则容易起到良好的教育效果。

　　在我们日常的教育教学中，有些老师常常喜欢小题大做，对有些问题唯恐抓不到证据，抓住证据后往往爱揪着不放、上纲上线，这样有时反而造成了师生间的对立，不利于问题的解决。其实我们在有证据的情况下如能对一些问题淡化处理，尊重学生内心的感受，甚至在特殊情况下运用"偷梁换柱"之计帮助处于困境中的学生，因势利导，尽力做到使学生的内心受到触动，往往更能促使问题从根本上得以解决。

下面这个教育案例,展现了一位教师的教育机智,他运用"偷梁换柱"之计,偷换概念,巧妙地处理好了一个较棘手的教育问题:

一日,教师正准备讲《卖火柴的小女孩》一课,教室里忽然一阵骚动,只见王珊同学回过头去打后面的男生,教室里顿时一片哗然。老师问其原因,女孩哭诉道:"李刚说张生爱我。"众学生起哄大笑,教室秩序大乱。如果这时教师批评李刚和张生,则造成对这个事实的认定,将给孩子的心灵造成创伤。教师稍顿,沉着镇定地问道:"王珊漂亮吗?"大家回答:"漂亮!","王珊学习好吗?""好!""是啊,这样的小女孩谁不喜欢呀!我也喜欢啊。李刚你喜欢吗?张生呢?何志辉呢?大家喜欢吗?"全班齐声答:"喜欢!""好,我们都应该好好学习、优秀健康,让大家喜欢好不好?""好!""下面我们看这篇课文中的小女孩,是不是也能使大家喜欢,能不能让大家同情呢?请大家打开课本……"

教师"偷梁换柱",将"爱"变成"喜欢",推而广之,引导大家注重学习和健康,并顺势过渡到所学的课文上来,给人一种水到渠成之感,让人不得不对该老师"点赞"。

因此,教育工作者要学会变通,关注教育事件的解决方式,多学习同事的教育技巧,多看教育类书籍,勤于动脑,这样就会增强自己随机应变的能力,在关键时刻最易使用、最好上手的"偷梁换柱"之计便可信手拈来,这样,你便会发现自己也是一个富有教育机智的人,而你处理的问题往往会产生神奇的效果。

第二计　指桑骂槐
——批评类似事件而使犯错者受到教育

"指桑骂槐"意思是指着桑树骂槐树。比喻借题发挥,表面骂这个人,实际上骂那个人。语出《金瓶梅词话》六十二回:"他每日那边指桑树骂槐树,百般称快;俺娘这屋里分明听见,有个不恼的?"这个词语在文学作品中运用较多,除了上面出处,还有《红楼梦》一十六回:"咱们家所有的这些管家奶奶,那一个是好缠的?错一点儿他们就笑话打趣,偏一点儿他们就指桑骂槐的抱怨。"《红楼梦》第五十九回:"你老别指桑骂槐。"其古兵法原文是:"大凌小者,警以诱之。刚中而应,行险而顺。"今译为:"强者制服弱者,要用警告的办法来诱导他。主帅强刚居中间正位,便会有部属应和,行事艰险而不会有祸患。"统率不服从自己的部队去打仗,可以故意制造些错误,然后责备别人的过失,借此暗中警告那些不服从自己指挥的人。对待部下将士,必须恩威并重,刚柔相济。孙权劈帅案表决心,禳苴依军法斩监军,优孟讽谏楚庄王优待功臣之后,邹忌讽齐王纳谏等都是运用了此计。

"指桑骂槐"之计运用到教育上,是指教师在教育学生时,特别是在公开场合批评学生的时候,尽量不要点出当事学生的姓名,而是指出类似事件进行批评教育。

太原市明德学校王春生、胡俊崎老师所写的《未成年人误入歧途的几种信号》一文中,列举了未成年人误入歧途的几种信号,并对应举出了几个具有代表性的案例,提醒广大家长和教育工作者要及时地发现孩子的不良或者反常的言行信号,及时地给予引导和控制,以达到预防违法犯罪的目的。

这篇文章在所列举的信号之二中,列举了可能有早恋或加入了不良青少年团伙的孩子表现出来的现象,指出针对这种学生,即使知道了真相,也不能急于一下子戳穿,要防止学生产生对立情绪听不进任何意见,而是要使用"指桑骂槐"之计,旁敲侧击,敲山震虎,促使孩子自觉地审视自我,以避免产生不良的后果。

另外,在处理某些问题的时候,不一定要直接针对事件本身,我们可以采取迂回战术,旁敲侧击,让学生自己去发现、去思考、去感悟,从中找到差距,认识到自己的缺点和错误,从而得以改正。"凳子拿的"这个教育故事讲的就是合理运用"指桑骂槐"之计,并取得了良好效果的案例。这个故事是这样的:

"老师,我的钱丢了,30多块呢。"张滑边说边掉眼泪。我一听,气就不打一处来,班里竟发生这样的事。

我气冲冲地走进教室,就在走向讲台的一刹那,突然意识到:如果此时去批评全班,效果一定不会好,毕竟拿钱的是一个人。倒不如……

于是,我扫视了一下全班同学,高声告诉大家:"同学们,不要慌,我知道谁拿了张滑的钱了。"同学们都惊讶地望着我。"是凳子,请大家对凳子说一句话。"聪明的孩子马上领会了我的意图。一个同学说:"凳子,你这样做不对,快还给人家吧。"一位说:"你是一时糊涂,改了还是好孩子。"……孩子一个个激动不已,只有刘虎红着脸,低着头,一句话也不说,此时,我心里已经明白了。

第二天,刘虎早早地来到学校,把30元钱交给了我。我告诉他:"你真勇敢,这件事是我们俩之间的秘密,谁都不要告诉别人。"他哭了。

教师使出一招"指桑骂槐",既让刘虎同学明白了自己的错误,又保护了他幼小的心灵,使事情得到了圆满解决。

"指桑骂槐"之计运用到教学上,是指对于许多较复杂的教学问题,如果就事论事地讲,学生往往既没有兴趣、又听不明白。这时,如果用学生喜闻乐见的形式,以学生易于接受的事实比喻、类比、对照反而既生动有趣,又能使学生明晰在心。

一位老师讲参数的使用时,学生百思不得其解,教学陷入僵局。只见这时,老师话锋一转,"几个仆人抬着一口大棺材从远处而来,两个女鬼躲在门后伺机而动",学生立刻听入迷了,怎么回事?教室里一时寂静无比,学生瞠目结舌地看着老师。只见老师继续讲道,"只见人群越来越近,两个鬼争先恐后地冲了出去,只是一个鬼吞了符,另一个鬼匆忙中忘记了吞符",后面有的学生不知不觉站了起来,全班冰雕泥塑般地一动不动。"只见一个鬼撞进了棺材,刹那间,棺材里乱响,吓得人们四处逃散。待慢慢地围拢过来打开棺盖,只见死去的小姐竟然复活了。原来是女鬼的魂魄借用了小姐的躯壳转世了。"老师停顿了一下:"参数所起的就是这个作用,它就是那个躯壳,我们利用它来解决难以解决的问题。"

学生恍然大悟,方才明白老师讲故事的意图,原来这就是参数的作用,不免多了许多趣味、许多感悟。老师巧用聊斋中"小谢"的故事,演绎了数学中参数的作用,可谓用心良苦。

苏格拉底是古希腊著名的哲学家、政治家和教育家,他认为教师在教学中的任务不是向学生传授现成的知识,而是要激发学生的思考,帮助学生获取头脑中固有的知识,提高学生的认识能力。这种"苏格拉底启发式教学法"是现代启发式教学法的重要源泉之一。而在实行这种教学法时,苏格拉底就经常运用"指桑骂槐"之计。苏格拉底喜欢采用对话或提问的方式"帮助人们把自己心灵中存在的知识产生出来"。倘若对方不是直接回答苏格拉底提出的问题,而是发表长篇大论,使对话不能沿着他所期望的方向进行时,苏格拉底便借助独特辛辣的讽刺,或对其"指桑骂槐"、或鼓动、或诽谤,引导双方把对话纳入正轨。

由此可见"指桑骂槐"之计在苏格拉底的教学过程中,也起到了重要作用。

"指桑骂槐"运用于教育的好处在于,既指出了同类事情的危害,让当事人受到了教育,又保护了当事人的人格和隐私,故能起到良好的效果。而将其运用到教学上,往往能激发学生的兴趣,让学生理解得更透彻,因而记得更牢靠。

英国作家塞·约翰逊说过:"人们往往更需要有人提醒他而不是告诉

他,这一点没有引起足够的注意。"因此,我们在教育过程中,应该多运用"指桑骂槐"之计提醒我们的教育对象,而不是直接指责他们,这样才能使我们的教育教学更加顺利地进行。

第三计 假痴不癫
——假装不知道其错误言行而激励孩子前行

"假痴不癫"的意思是假装痴呆,掩人耳目,另有所图。出自《三十六计》第二十七计:"当其机未发时,静屯似痴;若假癫,则不但露机,且乱动而群疑;故假痴者胜,假癫者败。"

其古兵法解说原文是:"宁伪作不知不为,不伪作假知妄为。静不露机,云雷屯也。"今义是:"宁愿假装不知道而不采取行动,而不假装知道轻举妄动。要沉着冷静,不露出真实动机,如同雷霆掩藏在云势后面,不显露自己。"

"假痴不癫"之计作为政治谋略和军事谋略,都算高招。用于政治谋略,就是韬晦之术,在形势不利于自己的时候,表面上装疯卖傻,给人以碌碌无为的印象,隐藏自己的才能,掩盖内心的政治抱负,以免引起政敌的警觉,专心等待时机,实现自己的抱负。此计用在军事上,指的是,虽然自己具有相当强大的实力,但故意不露锋芒,显得软弱可欺,用以麻痹敌人、骄纵敌人,然后伺机给敌人以措手不及的打击。

比如,司马懿假病夺兵权,当时机不成熟时,决不轻举妄动。又如,姜维明知蜀汉国力不及曹魏,却劳师动众九伐中原,以至蜀汉民穷兵疲,终被曹魏所灭。在军事上,此计不但是麻痹敌人、待机破敌的一种策略,还可作为"愚兵"之计来治军。

用在教育上,是指孩子在成长的过程中,由于经验和认知的缺乏,难免会犯一些错误,达不到教师、家长要求的程度,这是很正常的。对于这些无大碍的错误,作为教育者,没有必要去批评他们,可以假装不知道,并从另一个角度激励他们,这也是教育孩子的好方法。下面这个案例便生动地体现了这一点:

有一次,学校开家长会,姥姥代替了在外工作的父母去了学校。小顺一下午都惶惶不安,心想老师一定会对姥姥讲自己的成绩如何如何的一塌糊涂。

终于等到姥姥回来,小顺低着头只等姥姥数落。可是姥姥容光满面,看起来十分高兴的样子,他一脸的诧异。想不到老师竟对姥姥说他表现得很出色。

后来,小顺上了大学,暑假里他第一个去拜访了小学老师。谈起这件事时,只听这位老师地对他说:"那天,我说了你很多不好的话,可第二天,你的反应让我吃惊。从那以后,你的成绩直线上升,我一直都在纳闷儿……"这时,小顺才明白是姥姥善意的欺骗挽救了他。

姥姥的做法把"假痴不癫"演绎得如此逼真,实属不易。而且在孙子转变后她把真相隐瞒了十几年,直至小顺偶然的机会才弄清事实,由此可见姥姥的伟大。

作为教师,我们更应该以此为榜样为学生做更多的事情。

王改云老师就记载了这样一个案例:

我班有一个学习成绩一般的学生,经常迟到。今年开学第一天他就迟到了,我在全班批评了他。第二天又迟到,我让他在全班作检讨。第三天上课还不见人,我正要发问,忽然看到教室外他急匆匆的身影。我灵机一动,说:"请同学们先预习两分钟,我去拿三角板。"说完我就走了出去。当我刚要上楼梯时,他便从前门一下窜进了教室。我顿时松了一口气。回教室后,我假装不知他迟到,平静如常地上课。下课后,我把他叫到办公室,表扬他今天没迟到。他这时红着脸说还是迟到了,因为这一段时间他妈妈生病了,早晨还得做饭。我听后吃了一惊,差点又伤害了他。后来,我在班上表扬了他的诚实与进步,检讨了自己的主观片面。他从此再没迟到过。

当这个学生第三次迟到时,王老师如果继续批评该生,可能永远也无法知道该生迟到背后的真相了,因为前面两次的批评及做检讨,该生都没有解释,而第三次继续批评,可能会给该生造成心理阴影,甚至引起他的逆反心理。好在王老师运用"假痴不癫"之计,事后又及时和该同学沟通,不仅了解了真相,还及时"检讨了自己的主观片面",解开了学生的心结,让学生从此克服了迟到的毛病。

由此可见,运用"假痴不癫"之计,可以让自己在面对比较棘手的问题时有一个可以回旋的余地,然后在比较缓和的气氛中去处理该问题,那么在处理时往往能更理性,结果也就会更圆满。

运用"假痴不癫"之计,还能融洽师生关系。比如,在学校放长假时,我们都要布置一定的作业,让学生在假期里做到劳逸结合,不能完全放松学习。但师生关系较融洽的老师布置作业时,学生就会讨价还价,如果直接批评学生,会让学生很反感。这时如果使用"假痴不癫"之计,就可以较圆满地解决这一问题。

比如,有一次放国庆假前,我按照东华初级中学初三语文科组的统一要求发放了一张试卷(这试卷只有字词、文言实词和名句填空,作业量不大),当学生问可不可以少一点时,我故意装作听错的样子说:"啊,你们还想做摘抄啊!你们真是太勤奋了,太让我感动了!那是不是就加上……"我故意拖长声音,学生都大声叫起来:不做摘抄了吧,不做了吧(因为我们每周周末固定的作业是摘抄并点评)。我说:"那就顺从民意,为了大家在假期能调整好身心,摘抄就不用做了。""啪啪啪……"教室里响起了热烈的掌声。

我运用"假痴不癫"之计,不仅解决了问题,而且让他们感受到了老师在为他们着想,由此,我们之间的关系更融洽了。

"假痴不癫"运用到教学上,可以这样实施:教师在讲解问题时如果突然间改变行为,可以引起同学们的注意。这时教师假装不会,或故意不知怎么讲、怎么做了,这样便会引起学生的高度注意和协助的热情,这时再把正确方法讲解出来,则会给学生留下深刻的印象。

下面这个案例就鲜明地体现了这一点:

记得我在辽师学习时,有一位教高等几何的王老师给我们授课。时值盛夏,炎热非常,题目又难,学生们瞌睡者甚多。王老师讲着讲着,突然不会了,望着黑板出神。全班学生即刻睁大眼睛,纷纷询问怎么了。王老师不会了?挂黑板了?

学生开始出主意,这个说用这种方法,那个说再那样试一试。王老师就按着大家的思路东试西试,都不行。这时,全班的注意力已经高度集中,睡觉的精神了,讲话的安静了,都在认真思考题目。只见王老师这时才慢慢地说:"你们看这样行不行?"在全班的高度关注下,问题解决了,大家松了一口气。因此,大家对此题的印象极为深刻,王老师的这种做法更叫人难忘。

王老师无疑是很清楚该题目的解法的,但他如果直接讲出来,不用说那些瞌睡者根本就没听,就是那些睁着眼睛的,由于天气炎热,精神不振,估计也难以记于心间。而他采用"假痴不癫"之计,在同学们试用了多种方法都行不通,而激起了大家高度关注的情况下讲出来,则让同学们对此题印象极为深刻,因此这位老师的做法不能不让人称赞:高,实在是高。

我们要运用好"假痴不癫"之计,必须充分理解"假痴不癫"的内涵,而且还要充分了解我们的学生,因为只有充分了解学生,才能明白哪些问题是超出学生的能力范围的。如果我们强行要求该生解答能力范围之外的问题可能会起反效果,这时才能采用"假痴不癫"之计。如果我们对学生并不了解,当学生犯了不应该犯的错误或没达到他们能力范围内的要求时,若我们为了显示自己的宽容或懒于管理,而用"假痴不癫"之计,这就不是"假痴"了,可能已成了"真痴",你的不作为便成了对学生的放纵,由此造成的负面影响可能就会日益严重。

英国诗人和散文家沃尔特·萨维奇·兰多说过:"为清醒的人引路是一种美德,为醉汉引路是一种义务。"我们教育学生的过程,就是引导学生走上他们自己的人生大道的过程。各种类型的学生就相当于清醒的人和醉汉,因此在引路时,我们就应该用我们的爱心造就学生,有时也要采用"假痴不癫"之计鼓励学生。这样,我们身上的美德就更有魅力,我们就能更好地引导学生走上自己的人生大道。

第四计　上屋抽梯
——毁掉退路使学生与错误彻底决裂并改正

"上屋抽梯"是指上楼以后拿掉梯子。借指与人密谈。也用以比喻怂恿别人,使人上当。其出自《孙子兵法·九地篇》:"帅与之期,如登高而去其梯。"意思是将帅向军队布置作战任务,要像使其登高而去掉梯子一样,使军队有进无退。

其古兵法原文为:"假之以便,唆之使前,断其援应,陷之死地。遇毒,位不当也。"今译为:"故意(露出破绽以)使敌人觉得方便(进攻我方),引诱它深入我方,然后截断它的后援和接应,使其陷入绝境。(敌人抢腊肉而)中毒,便会失去原有的地盘。"事先给敌人安放一个梯子。既不能使它猜疑,又要能让敌人清楚地看到梯子。只要敌人爬上了梯子,就不怕它不进己方事先设置的圈套。苻坚就是中了慕容垂、姚苌的"上屋抽梯"之计,轻易去攻打晋国,大败于淝水,慕容垂、姚苌的势力就迅速扩张起来了。另外,韩信攻打赵王歇、赵匡胤杯酒释兵权等都是运用了此计。

"上屋抽梯"运用到教育上,就是在学生为自己的错误找借口时,彻底截断或毁掉学生的退路,使其不得不彻底与错误决裂,最终改正错误,以达到我们的教育目的。

我国著名教育家张伯苓,于 1919 年之后相继创办了南开大学、南开女中、南开小学。他十分注重对学生进行文明礼貌教育,并且身体力行,为人师表。

一次,他发现有个学生的手指被烟熏黄了,便严肃地劝告那个学生:"烟对身体有害,要戒掉它!"没想到那个学生有点不服气,俏皮地说:"您吸烟就对身体没有害处吗?"张伯苓对于学生的责难,歉意地笑了笑,决定用"上屋抽梯"之计解决这个孩子的教育问题。他立即叫来工友将自己所有的烟全部取来,当众销毁,还折断了自己用了多年的心爱的烟杆,诚恳地说:"从此以后,我与诸同学共同戒烟。"果然,打那以后,他再也不吸烟了。

张伯苓用自己的行动,堵住了自己的退路,同时也是抽去了学生后退的"梯子"。试想,从此以后,还有哪位学生会吸烟呢?

对于某些自尊心较强的孩子,在其遇到别人质疑而自己又不肯认错或屈服的时候,我们也可以运用"上屋抽梯"之计,给他证明或反省自己的机会,从而促进其改变自己,走上正确的道路。

在"证明你自己"这一案例中,就记载了这样一个运用了"上屋抽梯"之计的例子:

薛同学和王同学是我任教班级的两位学生,他们是同桌。王同学基础扎实,学习勤奋,头脑聪慧,每次考试都是班上第一,是同学们公认的学习尖子。薛同学学习随便,课上很少发言,在班上属于一个不起眼的"小角色"。可是每次考试,这两个学生的成绩都很优秀,有学生公开向我谏言:薛同学的成绩不真实。此言一出,立即得到了班上绝大多数学生的附和,说实话,我也有点不太相信薛同学的考试成绩。当我目光移到薛同学身上时,看到他涨红着脸的无奈神情时,我没有以怀疑的态度质询他,而是对全班同学说:"我们的监考是严肃的,考风也是端正的,两位同学都遵守了考试纪律,我相信薛同学的成绩是真实的,不信的话,下一场考试让他单独座,证明给大家看!"我很自然的一段话使薛同学眼中闪烁着感激的泪花。

接下来一段时间的学习过程中,薛同学上课眼神专注了,发言也渐渐地多了,人也精神了很多。

转眼到了下一场考试,我把这两个学生分离开来,可薛同学依然取得了较好的成绩。我大声向全班学生宣布这一消息后,全班同学给了他热烈的掌声。我再次看到了薛同学眼中闪烁的泪花,我没有就此结束,而是找薛同学交谈:你考出了优秀的成绩,证明了你是有学习潜力的,可为什么大家一开始不相信你呢?薛同学诚恳地说:"我过去学习态度不端正,学的也不扎实,同学们自然不相信我,可自从老师给了我这机会,为证明给大家看,我在学习上下了很大的工夫,自我感觉有进步,现在对数学也渐渐有了兴趣,感谢老师对我的信任,我将端正学习态度,做个优秀生。"

在这个案例中,当同学们都在质疑薛同学时,老师对着全班同学说的一番话实际就是运用了"上屋抽梯"之计,既让当时的薛同学下得了台,又给了他证明自己的机会。从"薛同学眼中闪烁着感激的泪花"可以看出,这一计策对他是非常适用的。他已经被抽去了退路，只有义无反顾地往前冲，所以最后取得了很大进步也是情理之中的事，而且这段时间的努力也让他对学习产生了兴趣，有了前进的动力。我相信薛同学从此将越来越优秀。

对于一些爱犯小毛病且屡教不改的学生，巧妙运用此计也能收到好的效果，杨敏老师就记载了这样一个名为"当孩子迟到以后"的案例：

有几个孩子在小提琴课上总是迟到，由于小提琴教学一般都是以集体授课形式进行的，所以教师只好让准时到的学生先各自练一下琴，等迟到的学生陆陆续续到齐了，才开始授课。每次，教师总要在课后留一段时间给他们补课。

几经思索，教师决定用"上屋抽梯"之计来纠正孩子们的迟到现象。一次上课结束时，教师郑重宣布："从下一节课开始，我们将结合技训学习一首小提琴齐奏曲《春风破浪》。这首作品将作为我班的重点曲目，参加将在期末举行的向领导和家长汇报的'小小音乐会'。我们要用出色的表演为我们小提琴兴趣培训班争光，大家说好不好？""好！"学员们很兴奋地回答。

上课时间又到了，教师以坚定的口气对学员们说："我们现在开始上课！"有学员提醒还有几个学员没到，但教师依然按预定的计划开始上课。迟到的学员看见教室里已开始上课，他们的眼光里露出惊讶。教师没有批评他们，只是提醒他们抓紧对音，和同学们一起练习。接下来的几次，教师都坚持时间一到就准时上课，对迟到的学员采取冷处理。几次训练后，教师要求学员对乐曲中的两个片段进行集体演奏。这时，只见大部分学员都能按上课的要求流利地演奏，而那几位经常迟到的学员却显得很尴尬：他们或是音不准，或是节奏转换不能很好地把握，或是指法运用不当，致使整个演奏不能顺畅地进行。看到老师几次中断演奏来给他们纠错，看到其他学员因自己跟不上节奏而停下来空耗时间等待，他们感到了难为情，内心受到了触动。从那以后上课便极少出现迟到现象，每个阶段的集体演奏也格外和谐起来。

每个孩子都有自尊心，也有较强的表现欲。教师把学生引导到集体演奏的练习阶段后，抽去了学生迟到的退路，学生在惭愧自责的情况下，不得不改正迟到的坏习惯。因此，这也是一个运用"上屋抽梯"之计非常成功的案例。

"上屋抽梯"之计还可用来教育学习浮躁的学生。浮躁是学习的大敌，对于学习浮躁的学生，可以给其一些表现的机会，根据其浮躁得出的答案将其诱导到必定出错的思路，使其认识到浮躁的危害，从而帮其逐步克服浮躁的毛病。

"上屋抽梯"之计还适合于那些坏习惯根深蒂固或屡教不改的学生,对于这样的学生,要改变他们真的很难,只有撤掉他们的退路,让他们"上屋"后再"抽梯",才能真正触动他们。教育就是一个考验耐心和细心的活,对于班级里少数顽固分子,我们要付出真心,找准时机,运用"上屋抽梯"之计,真正转变他们,也许我们的这一招,会让他们受益终身。

宋代文学家欧阳修曾说:"善治病者,必医其受病之处;善救弊者,必塞其弊之源。"我们如果善于运用"上屋抽梯"之计,则有助于我们成为善治病者、善救弊者,而这必将对我们的教育教学工作有较大的促进作用。

《国语》中写道:"伐木不自其本,必复生;塞水不自其源,必复流;灭祸不自其基,必复乱。"愿我们在帮助学生时,能找准根源,妙用"上屋抽梯"之计,使学生走上正轨。

第五计 树上开花
——即使讨厌也要真心关爱以激发其内在动力

"树上开花"是指树上本来没有花,但可以借用假花点缀在上面,让人真假难辨。"树上开花"是由"铁树开花"一词转变而来的。《碧严录》有:"休去歇去,铁树开花。"的句子。另见于王镜日《洵年镜》:"俗谚见事难成曰须铁树开化。"原意为不可能开花的树竟然开起花来了,比喻极难实现的事情。兵书《三十六计》上把它作为制造声势以慑服敌人的一种计谋。铁树也开了花,变不可能为可能,所以能够制服敌人。

兵法原文是:"借局布势,力小势大。鸿渐于陆,其羽可用为仪也。"意思是:"借助于某种局面(或手段)布成有利的阵势,兵力弱小但可使阵势显出强大的样子。就像鸿雁慢慢地降落在大地上,全靠它那长长的羽翼来助长气势。"

兵法按语为:此树本无花,而树则可以有花,剪彩贴之,不细察者不易发,使花与树交相辉映,而成玲珑全局也。此盖布精兵于友军之阵,完其势以威敌也。用假花冒充真花,可以取得乱真的效果。因为战场上情况复杂,瞬息万变,指挥官很容易被假象所惑。所以,善于布置假情况,巧布迷魂阵,虚张声势,可以慑服,甚至击败敌人。

"树上开花"之计运用到教育上,就是要关爱学生,即使某一学生的言行举止令人极度愤怒、讨厌,也要调整心态,调动自己的内心去关爱他(即使是假爱也要用真心去做,慢慢就会激发孩子内在的动力,让你慢慢地变成真心关爱)。这样往往能帮孩子战胜自己的不足,改变孩子的一生。

有这样一个名为"改变命运的旧手镯"的感人教育故事,充分演绎了"树上开花"之计的巨大魅力:

在五年级学生开学第一天的课堂上,汤姆森太太对着她的学生说了一句并非真心的话:"我爱你们每一个人。"但她知道这是不可能的,至少她不会喜欢坐在前排那个邋里邋遢的小个男孩,他叫泰迪·斯徒伍德,总是无精打采的样子。汤姆森太太发觉他性格孤僻,很少跟别的同学玩耍,而且不讲卫生,好像从不洗澡似的。

泰迪实在不能令老师感到愉快,所以有时当汤姆森太太在他的练习本上划上大叉,并给他一个不及格的 F 时,竟有种解气的感觉。

这天,按照学校规定,汤姆森太太开始阅读前任老师给班上学生的评语。她特意将泰迪的放到最后来阅读,以免情绪被过早破坏。然而,前任老师的评语却让汤姆森太太颇感意外。

一年级的泰迪开朗友善,作业很好;二年级时很优秀,招人喜欢,但母亲的病带给他不少痛苦;三年级时母亲去世对他打击很大,他尽最大努力学习,但他的父亲对此并不关心;四年级的老师写道:"泰迪退步了,对上学没多大兴趣。他朋友不多,上课爱打瞌睡。"

读到这里,汤姆森太太才意识到问题所在,作为老师,她第一次感觉自己很惭愧。

圣诞节,汤姆森太太的学生们给她带来了各色各样的礼物,都用彩纸包装,还扎着漂亮的丝带,唯有泰迪用的是包杂物的牛皮纸,扎得很难看。在同学们的窃窃私语中,汤姆森太太打开了泰迪的礼物,里面是一个只剩一点香水的小瓶子,和一只镶着廉价石头珠子的旧手镯,甚至有些珠子还脱落了。不少同学都笑了。然而汤姆森太太却制止了大家的笑。她把手镯戴到手上:"这真是一个漂亮的手镯。"她一边大声说,一边还把手腕上洒了洒泰迪带来的一点点香水。放学后,汤姆森太太在办公室门口见到一直等她的泰迪。泰迪红着脸轻声说:"汤姆森太太,今天,你真像我妈妈。"

这句话,让汤姆森太太在办公室独自哭了很久。

从那天起,汤姆森太太给了泰迪特别的关注,她常常和他一起学习,对他的每一个进步都给予肯定。泰迪的学习干劲越来越大,到了年底,泰迪已经成为班上最优秀的学生之一。

一年后,汤姆森太太在她办公室门下发现泰迪写的纸条,说汤姆森太太是他一生中遇到的最好的老师。六年后,高中毕业的泰迪全班排名第三,他告诉汤姆森太太她仍是他一生中遇到的最好的老师。又过了四年,泰迪给汤姆森太太的信上说他就要大学毕业了,而且获得了学校最高荣誉奖,并再次告诉汤姆森太太,她是他一生中遇到的最好的老师。

一晃又是四年。泰迪的信说汤姆森太太依然是最好的和他最喜爱的老师。这次他的签名有些长:泰迪·斯徒伍德,医学博士。

春天的时候,泰迪的信中说他遇到了一个女孩,打算结婚。他的父亲几年前去世了。他问汤姆森太太是否同意出席他的婚礼,坐在原本留给他母亲的席位上。汤姆森太太当然一口应诺。

那是一次感人的重逢,泰迪和汤姆森太太紧紧地相互拥抱。泰迪看见汤姆森太太的手腕上,正戴着当年他送的礼物——一个破旧的,甚至好些珠子都已经脱落的旧手镯,而且,他还闻到了一股淡淡的他所熟悉的香味。泰迪百感交集,轻声说:"谢谢你,汤姆森太太,谢谢你信任我、鼓舞我,让我明白命运可以改变,让我觉得自己是个有用的人。"

汤姆森太太也热泪盈眶,同样轻声告诉泰迪:"泰迪,你错了,是你改变了我啊。正是因为你,我才知道该怎样做一个老师。"

在这个感人的故事中,汤姆森太太运用了"树上开花"之计。开始时,汤姆森太太对泰迪的关爱并不是真心的,但在进一步的了解中,她被感动了,她的真心关爱成就了泰迪,也成就了自己。因此,教育学生,不管学生如何,老师都要真心关爱他们。即使是表现得非常让人讨厌的学生,我们也要尽量了解其背后的原因,尽自己最大的努力去帮助他们。

对于某些同学,我们可以借助其某方面的特长,"借局布势,力小势大。鸿渐于陆,其羽可用为仪也"。从而增强他的自信心,促进其不断进步。

有一位老师分享了一个案例:

我的班上有一位马××同学,性格孤僻,上课常常发呆,作业经常不能按时完成,对集体的事情毫不关心。偶然得知他在游泳方面的特长后,我请他家长帮忙,将他历年来获得的大大小小十余块奖牌送到学校,专门为他组织策划了一堂主题班会——"每一个人都是一颗星"。

我告诉大家,班上有一位体育明星,游泳健将,并把奖牌一一展示给全班同学看,让大家猜猜这位不张扬自己的同学是谁。看到同学们惊讶的神色,听到同学们异口同声的赞誉,马××同学的脸上终于有了笑容。

我让他走上讲台,谈谈自己是如何苦练才取得如此好成绩的。他激动地只是说"没什么"。我对他说:"你能通过自己的努力,在游泳比赛中取得如此骄人的成绩,你同样能在学习上取得骄人的成绩!"全班同学报以热烈的掌声,马××同学更是流下了激动的眼泪。这时班里的气氛出奇的热烈,我鼓励他放松自己,大方地面对大家,进行了一场"答记者问"。平时说话极少、从不发言的他,竟然也变得健谈了。

自此,他上课专心多了,甚至于上我的语文课还能积极发言,作业也能按时上交,作业质量也明显提高了。每当他有一点小的进步,我都会热情洋溢地给他以鼓励。经过不懈努力,马××的期末考试成绩终于有了不小的进步。第二学期我又让他代表我们班当升旗手,让同学主动接纳他。现在他对于班里的事特别主动,在班上也有了知心的好朋友。也许他的学习成绩永远不可能拔尖,但我发现这孩子的眼中不再有躲躲闪闪的恐惧,却常常能看见一种自信的光彩!这难道不是我们最想要看到的吗?

正是因为老师运用了"树上开花"之计,用心关爱马××同学,才使他重新找回了自信,在各方面重新展现出了自己的风采。

其实,人的各方面的智力发展是不平衡的,在记忆力、观察力、注意力、思维力、想象力、分析判断力、应变力这几种能力的发展方面,每个人都各有所长。作为教师,就要善于发现学生的特长或闪光点,并以此来激发学生的自信,以达到"树上开花"的效果。

德·格林贝克有一句名言:"不被任何人爱,是巨大无比的痛苦;无法爱任何人,则生犹如死。"那些惹人讨厌的学生,本来就已经承受了巨大的痛苦,我们不要因为自己的喜恶再在他们的伤口上撒盐,而是要爱我们的学生,无论他是怎样的人,我们都应该让承受痛苦的同学走出阴影,和其他同学一样享受健康、积极向上的校园生活!

第六计 反客为主
——树立主人翁意识使学生变被动为主动

"反客为主"是指本是客人却用主人的口气说话。后指在一定的场合采取主动措施,以声势压倒别人。其出自《唐太宗李卫公问对·卷中》:"臣较量主客之势,则有变客为主,变主为客之术。"

兵法原文为:"乘隙插足,扼其主机,渐之进也。"其意思是:"借助漏洞赶紧插足,扼制他的主力机构,循序渐进地达到自己的目的。"在军事上,指变被动为主动,从而控制对方。李渊在夺得天下之前,写信恭维李密,后来把李密消灭了。刘邦在兵力不能与项羽抗衡的时候,很尊敬项羽,鸿门宴上,以屈求伸,对项羽谦卑到了极点。后来他力量扩大,由弱变强,垓下一战,终于将项羽逼死乌江。这均是采用了"反客为主"之计。

在当前的教育教学中,一直强调要改变学生被动学习的局面,要以学生为主体，教师为主导。这表现在多种方面，在班级教育管理中，把班级事务交给学生，明确各自的职责，增强学生的主人翁意识；特别是对于后进生，发现其某些方面的特长，让其承担起相关职责，"反客为主"激发其内在热情，使其将精力放到班级事务上来，从而避免其无事生非或在坏的方面越走越远。

  卞××同学进入初中不久，就已是学校里的"风云人物"了，他厌学思想严重，不完成作业，经常和外班甚至外校的不良青少年来往，事件不断，连初二、初三的一些学生都对这位初一的新生称"大哥"。经过细致的调查研究，班主任发现该生的本质并不坏，主要问题在于交友不慎，沾染了一些不良习惯与不正之风。

  班主任和他促膝谈心，在充分肯定了他讲正义、不欺凌弱小的好品质后，又指出他前些时候的种种不当行为。他体育特长突出，于是班主任让他担任体育委员，他工作很积极，但学习和纪律方面虽然略有进步，但仍然较差。班主任对他说，作为班干部应起到模范带头作用，他说他也很想改好，但是常常管不住自己。班主任告诉他，只有想不到的，没有做不到的，因为"难能"所以才"可贵"。作为学生，犯错在所难免，但不能明知故犯。对于外面同学的纠缠，班主任要求他对老师坦白，有事要及时告诉班主任。后来他基本上做到了班主任所要求的，对自己也更有信心了。

  因为在班级中受到了重视，他和外面的不良分子断绝了关系，以极大的热情投入到班级工作和学习中。每次体育竞赛他总是跑前跑后，安排得妥妥当当，让班主任基本上变成了一个"闲人"。课堂上，他也从原来的一言不发变得积极踊跃。任课老师和班上同学也渐渐改变了对他的看法。

  从这件事中，我们看到了使用"反客为主"之计对卞××同学的发展所起到的巨大作用，正是因为他在班级中受到了重视，因而有了主人翁意识，用为班级服务的热情替代了以前的不良习气，所以使自己在各方面得到了较大发展。

  "反客为主"之计用在教学上，就是在学习方面要以学生为主体，调动学生的主动意识，教师围绕学生的学习进行引导，使学生达到我要学，甚至我会学的境界。

  有一位老师在一节代数课上，把要讲的例题抄在黑板上，然后对学生说："你们看看该怎么做。"优生立即开始思考，后进生则由教师帮忙整理思路。不久，有学生说他想到办法了，老师就叫他到黑板上讲一讲，但讲得不是很到位，教师就又动员其他学生分别来讲。最后一个学生比较完美地解决了问题。教师大加赞扬，说这个办法比老师想到的还要好，学生当然很高兴。成绩差些的同学则请成绩很好的同学去指导。后来教师又在例题基础上稍作更改,提高难度,结果几乎所有学生都能做出来,完全超出了教师的意料。

教学中运用"反客为主"之计,效果往往出人意料。从上面的例子我们可以看到,由于教师以学生为主体,让学生讲例题,又让学生间相互辅导,所以达到了学生人人皆会、人人皆懂的程度。现在流行的"小组合作学习",正是基于此思路的教育改革。对于此项改革,山东昌乐二中等一些学校走在了前面,东莞市东华学校也不甘落后,同样大力推行,也取得了较为瞩目的成绩。

另外,教师能抓住教学中的时机,故意站在学生观点之反方,而让学生以正方的立场来反驳自己,让学生反客为主,也可较容易地达到教学目的。

"你必须把这条鱼放掉"这一教学案例,可以鲜明地说明使用"反客为主"之计的效果:

案例"你必须把这条鱼放掉"说的是离解除禁渔时间还有两小时。这时,汤姆钓上一条鲈鱼,而他的父亲让他放掉的事情。

学生在课堂学习中很不理解,想不通。有的学生说,这样做太傻了。还有的学生说,假如管理员不让拿走,就放在竹篓里,浸在湖中,等两小时后再拿回去。

师:如果是你,会不会放掉?

生:(异口同声)不会!

师:如果是你的父母,会不会要求你把鱼放掉?

生:(大声)不会!

怎么办?硬性的说教是苍白的、无力的,是失败的教育。教师便使用了"反客为主"之计。

师:下面我们演一演汤姆和爸爸的对话,我演汤姆,你们演爸爸。(众笑)。

师:放心吧,爸爸,没人看见我们,也没有人知道我们这时候钓了一条大鱼。

生:不管有没有人看见,我们都应该遵守规定。

师:不就两小时吗,规定是死的,人是活的。爸爸,不要这么死脑筋。(众笑)

生:两个小时也不行,正确的规定就要人人去执行。

师:你在学习上对我严格要求我都听,可现在是钓鱼,你不要这么严格嘛!

生:孩子,无论在学习上,还是在生活中,我们都应该严格要求自己,良好的道德素养是从一件件小事中养成的。(众惊叹)

师:爸爸,今天你不让我把鱼带回家,我就和你断绝父子关系。(众笑)

生:断绝父子关系也不行,道理已经和你讲清楚了,你再不听,回家有你好受的。(众笑)

师:(做害怕的样子)爸爸,你的话是对的,我就听你的,把鲈鱼放了吧。

生:(摸摸老师的头)对了,这才是爸爸的好孩子。(众笑)

师:儿子说了那么多的理由,爸爸为什么还要坚持让儿子放掉呢?让我们一起读一读爸爸的话。(略)

师:你喜欢这样的爸爸吗?为什么?(略)

师:汤姆有遗憾吗?后悔吗?(不)一条鱼和做人的道理哪个更重要?哪一句话会铭刻在汤姆的记忆里?(板书:铭刻)(略)

师:生活中有哪些规定要自觉遵守?请你用上"不管……都……"这组词语。

……

(案例选自雷玲"听名师讲课")

在这个案例中,教师让学生扮演父亲来讲理,要求孩子将鱼放掉,使其自己首先明白其中的道理,并要说服孩子,"反客为主",自然而然地达到了教育的效果。

我国的教育被西方教育界诟病的主要原因之一,就是我国对学生的主体意识重视得不够,西方认为学习就是激发学生的质疑和探讨精神,一节课后学生会有更多的问题需要下课后去探索,而我们往往是用固定的模式给学生讲解,一节课以"学生的疑问都没有了"作为成功课堂的标志。我们的课是学生在看老师表演,西方国家的课是老师引导着学生表演。因此我们教育出来的人才创新意识不够。

好在我国已经意识到了这一问题,新课改一直在如火如荼地进行着。前面所提到的小组合作学习就是有效的改革方式,这一方式正是由于充分重视了学生的主体地位,所以取得了良好的教育教学效果。相对于以前的教学模式,这无异于实行了"反客为主"之计。愿我们的教育蒸蒸日上,愿我们的教改圆满成功!

第六套 败战计
——奇用不利情况

《三十六计》对"败战计"的解说是:"处于败军态势之计谋。潜龙勿用。""败战计"是指在战局对自己极端不利的情况下,不能坐以待毙,要寻求或创造解脱困厄、转危为安、转败为胜的条件,把握有利的时机,适时地挽救自己的命运,保存自己的实力,避免不必要的牺牲。其共包含美人计、空城计、反间计、苦肉计、连环计、走为上六个计策。

此套计策用于教育教学,即要求我们不管面对怎样的学生或怎样的状况,都要本着"不抛弃、不放弃"的原则,尽力创造条件进行教育。

第一计 美人计
——用赞赏的言行感化学生使其听从教育

"美人计"是指以美女诱人的计策。语出《六韬·文伐》:"养其乱臣以迷之,进美女淫声以惑之。"意思是,对于用军事行动难以征服的敌方,要使用"糖衣炮弹",先从思想意志上打败敌方的将帅,使其内部丧失战斗力,然后再行攻取。

其古兵法原文是:"兵强者,攻其将,将智者,伐其性。将弱兵颓,其势自萎。利用御寇,顺相保也。"其兵法大意是:对于用军事行动难以征服的敌方,要使用"糖衣炮弹",先从思想意志上打败敌方的将帅,使其内部丧失战斗力,然后再行攻取。就像本计原文所说:"对兵力强大的敌人,要制服它的将帅;对于足智多谋的将帅,要设法去腐蚀他,将帅斗志衰退,部队肯定士气消沉,就失去了作战能力。利用多种手段,攻其弱点,己方就能顺势保存实力,由弱变强。"

"美人计"用在教育方面,就是利用学生的爱美之心,使用表扬、夸奖等赞美之词这类"糖衣炮弹",从思想上俘获学生的心,从而使其听从老师的教育，促进学生不断成长。

　　孔建芳老师写道：要感化学生，最好的办法还是"美人计"。俗话说："英雄难过美人关。"学生也难过教师的"美人"关。这里的"美人"实际是指：美言——教师的赞美，美容——教师的微笑，美行——教师的举止，美化——教师的布置。"美言"是指"教师的赞美"，人们常说，"良言一句三冬暖，恶语伤人六月寒"。学生都喜欢听鼓励的话，不太愿意被老师批评。所以教师要尽可能多地发现学生的优点，及时进行表扬。有时一句很不起眼的话，对学生来说，可能终身受益。学生可值得表扬的地方很多，如坐得最端正、字写得好、值日认真、上课发言积极……只要教师稍加留意，就有许多表扬的内容涌现出来，学生在教师的表扬声中，行为习惯会越来越规范。"美容"是指"教师的微笑"，微笑是世界上最美的语言，是学生与教师心灵沟通的桥梁，是教师打开学生心扉的金钥匙。教师应充分利用这把钥匙，缩短师生间的距离。"美行"是指"教师的举止"。教师得体的衣着打扮、生动的姿态语言、大方的言谈举止，都是学生学习模仿的典范，因此教师应注意自身形象，做到言传身教。"美化"是指教师的布置，这一个环节也不能缺少。一个干净美丽的教室带给孩子的不仅是美的享受，还在无意中培养了孩子们良好的习惯，在潜移默化中给孩子们营造了一份良好的学习氛围。

　　在教育教学中，优秀学生总能得到更多的赞扬，以致其已经习以为常。而后进生由于受到赞扬的机会少，心中对赞扬的渴望又强烈，因此使用"美人计"，就要对各类学生都进行适度赞美，促进学生对真善美的追求，促进班级整体水平的提高。

　　在"没有负担"的故事中，有这样一个家庭，儿子的成绩很不好而且越来越差，有一次考了全班最后一名。父亲接过儿子的试卷微笑着说："太好了儿子，以后你没有什么负担了！"儿子大吃一惊，忙问："爸爸，你是不是病了？"

　　父亲说："没病，你想一想，一个跑在最后的人还有什么负担呢？不用担心再有人超过你，但你只要往前跑，肯定有进步。"儿子受到启发，心里就高兴起来。第二次，考了全班第29名，父亲看到了儿子的试卷，兴奋地说："太好了儿子，你比上回前进了十几名了！"第三次，儿子考到了全班第10名，父亲激动地说："太好了儿子，你真了不起！离第一名只差9名了。"就这样，不管孩子的成绩是好是坏，父亲总是坚持正面激励，从不训斥责骂，而孩子却发生了意想不到的变化。

　　在学校里，教师有更适合使用"美人计"的土壤，"美人计"使用得好，其教育教学效果将更明显。刘玉敏老师在"把赞美送给学生"这一教育案例中介绍了这样一个故事：

　　我班的于明鑫同学是一个似乎没有什么特色的学生。很长一段时间里，我几乎没注意到她的存在。直到有一天，一件微不足道的小事改变了我对她的看法，好像也改变了她自己。那是一个中午，我站在班级门口，看着走廊里来回走动的学生，无意中发现走廊里撒了一些饭菜，许多同学说着、笑着绕道走过去了，好像没有注意到地上所撒的饭菜。这时，于明鑫同学走了过来，告诉大家不要踩了，然后急忙跑回教室拿来清扫工具，将饭菜扫净，又用拖布拖了一遍。我被这一幕感动了，回教室后，立刻在班级表扬了于明鑫同学，并赞美她关心集体，为他人着想的行为。

　　此后，我又从几件小事里发现了于明鑫性格中闪光的地方，并及时给予表扬，使真善美的精神得以激发和升华。渐渐地我发现她变了，上课特别认真，作业完成得尤其好，学习成绩也有了很大的提高，还被同学们选为班级卫生委员。这件事给我启示颇深，在班主任工作中，我开始注重以人为本，面向全体，细心观察，捕捉他们身上的每一个闪光点，及时把赞美送给每一个学生，使之发扬光大，使每个学生都相信"我能行"，"我会成功"。

　　刘玉敏老师发现了于明鑫同学身上的闪光点后，及时地给予了表扬，使其受到了激励，因而在各方面都有了较大的改进和提高。这就是使用"美人计"的效用。

　　在日常的教育教学生活中，教师工作繁杂，不可能去发现甚至发掘每个学生的闪光点，但我们可以在需要激发某位学生时或在工作中发现了学生的优点时，对其实施"美人计"，相信这样会对该同学起到较大的促进作用，从而使其获得内驱力，得以不断进步。

　　当今社会已经进入信息时代，学生接触信息的渠道非常多。教师对学生的影响与其他信息渠道对学生的影响相比，其优势在于能长期面对面地交流，这一方式的优势是非常大的，但如果老师的态度不被学生接受，甚至于反感或抵触，那么我们的教育就毫无优势可言，教育效果甚至不如其他信息渠道有效。因此，为人师者，多用"美人计"，是拉近师生关系非常必要且有效的方式。

　　俄国的列夫·托尔斯泰说："称赞不但对人的感情，而且对人的理智也起着很大的作用。"因此，多用"美人计"能促进学生的多方面发展。愿我们的教师人人会使"美人计"，多用"美人计"。

第二计　空城计
——让学生误以为班主任在监控而促成良好的班风

"空城计"出自明朝罗贯中的《三国演义》第九十五回:"'如魏兵到时,不可擅动,吾自有计。'孔明乃披鹤氅,戴纶巾,手摇羽扇,引二小童携琴一张,于城上敌楼前,凭栏而坐,焚香操琴。"其是指在敌众我寡的情况下,缺乏兵备而故意示人以不设兵备,造成敌方错觉,从而惊退敌军之计。后泛指掩饰自己力量空虚、迷惑对方的策略。

"空城计"的古兵法原文是:"虚者虚之,疑中生疑;刚柔之际,奇而复奇。"意思是说:"兵力空虚时,有意显示防备空虚的样子,就会使人疑心之中更加产生疑心,用这种阴弱的方法对付刚强的敌人,这是奇上加奇的方法。"虚虚实实,兵无常势,变化无穷。在敌盛我虚之时,运用"空城计"展开心理战,会收到较好的效果。但一定要充分掌握对方主帅的心理和性格特征,不可轻易出此险招。而且此计多数情况下,只能当作缓兵之计,还得防止敌人卷土重来。所以还必须有实力与敌方对抗,要想挽救危局,还是要凭真正的实力。

"空城计"运用到教育上,有利于帮我们促使学生养成良好的行为习惯。因为班级管理常规的落实是很繁杂的,班主任一个人面面俱到也不现实,班主任除了制定相关的班级管理制度,建立班级管理体系外,还要有相关的管理措施,否则相关的制度得不到落实,班级规范仍然无法建立,学生的习惯也无法养成。而其中,"空城计"则应是班主任常用的落实班级管理的措施之一。

我初到东华初级中学担任公办班的班主任时,全年级共八个公办班,而我班在德育和学习上均名列八个公办班的末尾,我有了刻不容缓的紧迫感。所以这段时间,我便常使用"空城计",并与相关班干部唱双簧,慢慢培养起了一批敢管善管的班干部,使班级慢慢脱颖而出,在后面五个学期的德育量化考核中稳居年级第一名,成绩也基本稳定在年级前四名之列。

在对学生的行为习惯培养中,自修和就寝纪律的培养是培养学生习惯最重要的两个方面。在学生自修时,根据班级管理规定,值日生必须坐在讲台上做作业,出现异常现象则进行处理。我则坐在教室最后面备课或改作业,有时若有事情则从后门静悄悄地出去,刚开始学生总喜欢以问问题为借口发出声音,我则会把发出声音的同学叫出教室进行批评,并提醒值日生按班规扣分。值日生小结结束后,我会对认真进行管理的值日生进行表扬并加分。

由于东华中学的日常活动很丰富,班主任的事务相对较多,所以忙于各种事务的我经常唱"空城计",我的突然袭击加上我从班委及其他同学处了解的情况,使同学们以为我一直在监控。另外,我加大了班委及值日生的管理力度:一方面我在班级宣布,但凡不认真管理的班干部要到我的办公室接受批评,另一方面鼓励班干部以此为借口进行认真管理,请同学不要让他们为难。慢慢地,我班进入了无声自修的状态。

至于对就寝纪律的整顿,我也使用了"空城计",对这些刚入校的同学,我从关心的角度针对宿舍的情况,作了较多相关的帮扶安排和指导工作,对恶意违纪现象进行了整顿。一段时间后,我去宿舍的次数逐渐减少,偶尔会暗地里进行观察,再结合值宿学生干部和其它老师看到的情况处理宿舍相关问题,使学生以为我天天在查宿舍,同时值宿的学生干部也慢慢成长起来,就寝纪律也成了年级最好的班级之一。

"空城计"帮我们班初步建立了规范,使学生初步养成了良好习惯。班干部也成长起来了,使我班的立体式管理模式和量化考核得以顺利实施,我班进入了良性发展阶段。初二上学期,我到山东昌乐二中学习一周,学生各方面情况良好。初二下学期,我因脑梗塞住院多天,正值同学们地理、生物会考,学生用实际行动认真复习,以此安慰我安心养病。我返校后,发现我的电脑桌面上有学生制作的安慰和感谢我的PPT,办公桌上满是学生的祝福信件和小礼品。利用"空城计"使班级形成规范后,就有了进行情感和励志教育的基础,教师趁机在这些方面加以培养,班级就会有较强大的凝聚力。这就是我班后来一直保持在年级前列的根本原因。

"空城计"主要适用于刚刚组建的或刚接手的班级的规范形成阶段,在班委干部已经培养起来,各项管理制度已经运作起来后,班主任就可以依托班干部进行管理了。对于有些班级,可能很少用或基本不用"空城计",班级也能迅速形成规范。但也有一些班级,在很长一段时间后,始终如一盘散沙,这时,班主任就应该考虑使用"空城计",先让班级形成规范,再进行其他方面的教育,否则就是在建空中楼阁,白费力气。

班级初建阶段,班主任还是要多往教室和宿舍跑一跑,结合"空城计"让自己的班级迅速走上正轨,这样,后面的管理才会更加顺利,你的班级才能更加优秀。

特级教师魏书生的教书经历令人惊讶。他担任实验中学校长与书记兼任两个班的班主任,承担两个班的语文教学,一年平均外出开会达4个月之久,却从不请人代上一节课;他学期之初即进行期末考试,一学期教材用30多课时就能讲完;他不批作业,但他的学生的升学成绩却比重点中学平均高七八分……面对这一切,人们不禁要问:魏书生究竟是依靠什么取得教学的成功的呢?

魏书生的教学,多半时间在唱"空城计",他的成功,主要是靠高效率的班级管理。他的班级管理,充分利用了以下6个机制:① 竞赛机制,② 代谢机制,③ 协调机制,④ 督导机制,⑤ 引导机制,⑥ 监控机制。正是因为他成功的管理艺术,才成就了他教育教学的奇迹。魏书生的管理达到了"空城计"的顶峰,他能够有效地对班级实施遥控管理,实现了班级成员的高度自治。

《孙子兵法·虚实篇》写道:"夫兵形象水,水之形,避高而趋下,兵之形,避实而击虚。水因地而制流,兵因敌而制胜。故兵无常势,水无常形。能因敌变化而取胜者,谓之神!"这段话的意思是:用兵的方式和规律就像水的流动,水流动是遵循避开高处而流向低处的规律的,而用兵的规律即是避开敌人的坚实之处而攻击其虚弱的地方。

管理班级也是如此,我们要尊重事物发展的规律,要明白只有调动学生的内心意愿,才能让我们的教育发挥真正的作用。而运用技巧,运用"空城计"只是一种手段,只有充分调动了学生的主动性,才能使管理的作用发挥得像水从高处顺流而下一样,才使班级各方面发展得更加优秀。

第三计 反间计
——分化有消极影响的团伙并转化他们

"反间计"出自《孙子兵法·用间篇》:"反间者,因其敌间而用之。"原意是使敌人的间谍为我所用,或使敌人获取假情报而有利于我的计策,后指用计谋离间敌人引起内讧。

其古兵法原文为:"疑中之疑。比之自内,不自失也。"意思是说:在疑阵中再布疑阵,能使来自敌人的间谍归顺于我,使敌人内部产生矛盾,我方就可万无一失。采用"反间计"的关键是"以假乱真",造假要造得巧妙,造得逼真,才能使敌人上当受骗,信以为真,做出错误的判断,采取错误的行动。说得更通俗一些,就是巧妙地利用敌人的间谍反过来为我所用。

"反间计"运用到教育上,就是教师可以巧妙利用同学来对那些不愿接受教育或屡教不改的学生进行间接影响,使其感受到教师对其的一片苦心,从而增强自律意识,逐步走上正轨;或是对违纪或犯错的学生小团伙进行分化教育,最后达到促进其改进的结果。

在前面"打草惊蛇""浑水摸鱼""关门捉贼""假道伐虢"等篇幅中,都谈到了我刚参加工作时的班级,其中有两位同学被我争取过来,玩起了无间道,对当时转变那个小团伙起到了较大作用。

一个是智多星李×,他经常吹捧老大,又常爱和老师套近乎。刚开始我没在意他的意图,认为他接近老师是为了"亲其师信其道",没有想到有一次被我无意间碰到他在向老大转述办公室老师们对他们无可奈何的议论,我才意识到这个小家伙挺有心机的。后来慢慢了解到他常为团伙出点子、策划活动,才明白他是团伙里的"智多星"。但他在团伙里却没有相应的地位,常被老大拿来出气。

后来利用他被老大痛骂后的一次机会,我把他争取了过来做我的"情报员"。他一方面给我汇报小团伙的相关情况,另一方面又按我的意思时不时地给老大刘×灌输教师是如何宽容他、对他充满希望的思想,配合我的宽容行为。对于老大刘×所犯的错误,我都只是要求刘×在班级日志上记下他自己的过错并签名写下日期,让他明白老师有充分的证据又让他不知老师何时下手,这对老大刘×有较大的安抚和震慑作用,为后来我用"打草惊蛇"之计收服老大,瓦解整个小团伙打下了较好的基础。

现在想来,智多星李×仍是我使用"反间计"的不二人选,当初整个班级的转变,还多亏了他的积极配合,他的作用不容小觑。

当然,在同学们遇到困难、挫折时,还可使用"反间计"帮其分析原因,找出症结,并利用其对某事物的反感或仇恨心理,想办法激发其征服的欲望,变不利因素为有利因素。

众所周知的"父亲的策略"这个教育故事便是这方面的典型代表性案例:

儿子很不满意自己的工作,他愤愤地对父亲说:"我的上司根本不把我放在眼里,改天我要对他拍桌子,然后辞职不干。"父亲说:"我建议你好好地把你们公司的一切贸易技巧、商业文书和公司组织完全搞通,甚至连怎样修理影印机的小故障都学会,然后再辞职不干。这样你将公司当作免费学习的地方,什么东西都通了之后,再一走了之,不是既出了气,又有许多收获吗?"

儿子听了父亲的建议,从此默记偷学,甚至下班之后,还留在办公室研究商业文书的写法。一年之后,父亲问起儿子的工作:"你现在大概多半都学会了,准备拍桌子不干了吧?"

"可我发现这半年来,老板对我刮目相看,最近更是委以重任,如今我已经成为公司的红人了!"儿子自豪地说。

"这是我早就预料到的",父亲笑着说:"当初,你的老板不重视你,是因为你的能力不足,却又不努力学习,而后来你痛下苦功,当然会对你刮目相看。只知抱怨上司,却不会反省自己,这是人们常犯的错误。"

这个故事是很有启发意义的,教师若能用"反间计"让有逆反心理的同学先静下心来,跟随班级一起前进,再找准切入点或其闪光点让其一展所长,其思想便会慢慢转变过来,甚至会成为班级建设的积极参与者。

俗话说"物以类聚,人以群分",在我们的班级管理中,常常会发现那些违纪的同学往往是拉帮结伙的。对这种现象以常规的方式管理往往是效果不明显的,因为这些同学违纪受处理后有支持者,甚至有对违纪现象的欣赏者,因而极大地抵消了教师的教育及处理给其所带来的积极影响,多次反复后反而强化了他的无所谓心理,到最后即使进行心理干预也难以收到良好效果。对于这种现象,开始就使用"反间计"效果应该是比较明显的。即对于一起与老师作对的学生或违纪的小团伙,我们可以采取亲疏相反的态度对待他们,慢慢分化他们,最后一一击破,并教育转化过来。

南京市三牌楼小学的周小惠老师在《浅谈班级中小团体的管理》一文中写道:"学生非正式群体的出现是必然的,我们对它既不能简单否定,也不能置之不理,要采取高度负责的态度,发挥其积极影响,避免其消极影响,使每个学生都能按照人才的质量标准和规格健康地成长。这正是提高教育效率的有效手段之一。"

唐朝名医孙思邈在《黄帝内经》中"圣人不治已病治未病,不治已乱治未乱"这句话的基础之上,提出了"上工治未病之病、中工治欲病之病、下工治已病之病"。教育也是一样,真正的教育高手,对问题的处理是建立在对班级情况很了解的基础上的,对于班级的各种非正式团体,若其存在消极方面的时候,在其产生消极作用之前,就应该对其进行引导和教育,避免其出现对班级建设不利的情况。只有这样,我们才能避免出现"治已病之病",使自己天天忙于班级事务的情况。为避免这种情况的出现,提前使用"反间计",把容易造成消极作用的非正式团体分开就是一种较为有效的做法。

在我的教学生涯中,我亲眼见到了多位使用"反间计"的高手,他们的班级也曾有不少捣蛋分子,但捣蛋分子都被这些高手管理得服服帖帖,甚至于班级有什么事情,这些曾经的捣蛋分子都会冲锋在前,尽力表现自己。连捣蛋分子都积极做贡献了,班级的整体风气还用愁吗?

《孙子兵法·谋攻篇》曰:"知己知彼,百战不殆。"在充分了解自己及学生的基础上,我们就一定能做好教育教学工作。

第四计　苦肉计
——教师自我惩罚或让学生自我磨炼而使学生受到教育

"苦肉计"出自《三国演义》第四十六回,孔明曰:"不用苦肉计,何能瞒过曹操?"使用"苦肉计"最早的记载见《吴越春秋·阖闾内传》中要离断臂刺庆忌的故事。其是指故意毁伤身体以骗取对方信任,从而进行反间的计谋。

"苦肉计"的古兵法原文是:"人不自害,受害必真。假真真假,间以得行。童蒙之吉,顺以巽也。"意思是:"人们都不愿意伤害自己,如果说被别人伤害,这肯定是真的。已方如果以假当真,敌方肯定信而不疑。这样才能使苦肉之计得以成功。采用这种办法欺骗敌人,就如同蒙骗幼童一样,是顺应着他那柔弱的性情达到目的。"

有这样一个名为"撒谎"的故事:

一次周末,和儿子约好,下班后他骑车去接我,可是比约定的时间过了两个小时,儿子还没有回来。等待中,正好遇到儿子的同事,他说儿子和几个人看电影去了,我只好耐心地等。过了一会儿,儿子回来了,令我吃惊的是,他竟撒谎说路上车坏了。

"我可以等上10个小时,但我无法容忍你对我撒谎,儿子。"我气愤地转过身来,决定自己走回家去。儿子迎上来,想要解释什么。我接着说:"我很生气,不是对你,是对我自己。你看,我已经认识到,作为一个父亲,我很失败,我现在要走回家去,并在这18公里的路上进行反省。"

在3个多小时的路途中,儿子始终推着车跟在我身后,也是从那以后,儿子再没有撒过谎。

在这个故事中,父亲教育孩子时,便是使用了"苦肉计",而且起到了良好的效果。

作为人民教师,批评学生在所难免。"良药苦口利于行",批评就是这样一剂苦口良药。及时指出且点到即止的批评,能帮助学生改正缺点,但有时候或对有的学生进行批评却会引起其反感,不仅起不到良好的效果甚至起到的是反效果。因此,教师应尽量少批评或不批评,而改用其他方式帮学生改正缺点。若在恰当时机使用一下"苦肉计":教师用自我惩罚的方式来教育一下学生,往往会起到很好的效果。

孔建芳老师就列举了一个她使用"苦肉计"的案例：

我班学生为了让数学作业正确率高一些，他们做好作业，都要悄悄地跟同学去核对，有的还互相抄袭，这个坏习惯后来被数学老师发现了，她大发雷霆，并告诉了我这个班主任。

得到这个信息后，我连忙走进教室，发现有的同学脸通红，想必他们已知道自己错了，有的同学则一副不以为然的样子。我没有批评他们，而是坐在教室里，自责起来："我这个班主任真不称职啊！经常跟你们讲做人要守信，做事要对得起自己的良心。可今天竟有那么多同学在核对答案，有的还在抄袭作业。这不是在骗人骗己吗？这个坏习惯绝不是今天养成的，在这以前，肯定也有过，而我作为你们最亲近的班主任，事先却没有发现，也没有提醒你们。这真是我当班主任的失职啊！为此，我应受罚，我打算在教室里坐一节课'闭门思过'……"说完，我就自责地坐了下来。此时，有几个女生早已哭成了泪人，她们站起来说："孔老师，这不是你的错，是我们一时糊涂，我们自己主动向数学老师认错，你别罚自己！"接着一个又一个同学站起来，表示自责，接着全班每人都主动要求写保证书，以表达悔改之心。当数学老师读到学生的悔改信时，当然就原谅了他们，还表扬他们不光信写得好，而且有诚意，在以后的日子里，很少有同学再抄作业，再也没有学生偷偷地核对答案了。

设想，我当时如果采用责备惩罚学生的方法来解决问题，学生可能会产生抗拒心理，不会从心里认识错误，还会一错再错，甚至变本加厉。因此在学生犯错时，教师尽可能多给孩子更多的关爱和鼓励、宽容与原谅，这样有时会收到意想不到的效果。这也许是"苦肉计"的功效吧！

孔老师平时与同学的关系良好，同学们才不愿让自己心爱的老师受罚，加上孔老师准确把握时机，所以使"苦肉计"取得了良好的效果。

在教育中使用"苦肉计"，必须以师生间的良好关系为前提，只有学生敬重喜欢的老师，使用"苦肉计"才会引起学生的难过和自责。如果老师缺乏爱心、较懒散、对待学生比较刻薄或较虚伪，学生从心底是讨厌的，这时你去使用"苦肉计"，可能会成为笑话，那就丝毫谈不上什么"苦肉计"了。

贾容韬老师认为，如果坏习惯在孩子身上已经根深蒂固，那么，可以适当用一些"猛药"解决问题。他列举了一个用"打工"治疗厌学的"苦肉计"事例：

有个叫陈宝的学生，从小被父母视为掌上明珠，高一时生活还不能自理，懒散、自私、任性诸多缺点应有尽有，学习成绩全班最差，是个最让老师头痛的学生。有一次，陈宝说学习太辛苦，他想外出打工。我顺水推舟说他有志气,还做他父母的工作,让家里尊重他的选择。

　　三天后,陈宝到一家建筑工地去当杂工,搬砖、抬钢筋、推混凝土车。刚开始他还有点新鲜感,觉得虽然苦点累点,但比在学校"受罪"强。然而,天天吃的是馒头、咸菜、白菜、萝卜,喝的是蒸馒头的水,每天干活12个小时,稍有懈怠即遭工头一顿臭骂。于是,干了两个星期,陈宝就想打退堂鼓了。但是他又一想,是自己要求来打工的,没法和父母讲,只好硬坚持干了下来。

　　5个月后,第二学期即将开学的时候,两手老茧、蓬头垢面、完全一副民工模样的陈宝跌跌撞撞回到了家,他告诉父母:"我不干了,我要继续上学。我知道应该怎么做了。"他说生活的磨砺让他认识到了知识的重要性,认识到人应该有所追求。

　　陈宝复学后,与以前的表现有天壤之别,每天坚持学习12小时以上,一年下来成绩已经进入班级前5名。2003年,陈宝被吉林大学计算机系录取。

　　贾容韬老师以满足陈宝心愿为借口,让他在打工的时候"苦其心志,劳其筋骨",从而使其"动心忍性,增益其所不能"。返校后,他的行为达到了老师家长口头教育无法达到的效果,充分体现了"苦肉计"的巨大作用。

　　在教学上,为了培养学生发现问题、解决问题的能力,教师在已知的旧知识基础上,重复演算验证,力求发现新的规律,在进入死胡同后,引入即将学习的新知识和新方法,使学生在全心关注时得以领会新知识或新方法的重要性。在这个过程中虽然多花费了时间,但是得到了思维的顿悟与升华。这也是"苦肉计"。

　　讲"分式方程换元法"时,一般人上来就讲如何设新的未知数,这样会使学生感觉不到学习的需求,没有认知的冲突,抹杀了学知识的乐趣。而有一位教师则与众不同,他首先是出示了一道换元法的题,却用上节课的"去分母"等方法来做。不厌其烦地一步步推导,3分钟后,已经是高次方程,无法再做。有的学生提出因式分解,师生则一起推导,无结果。全班顿时处在无望之中。这时已过了6分钟,这是用旧知识抗衡新问题的痛苦历程。这时,老师提出,有一种数学方法,叫"换元法",可以解决此类问题。学生立即为之振奋,教室里仿佛拨云见日。全班学生的目光都紧盯着黑板,在这种求知欲极度旺盛的情况下,教师完成了教学。

　　这位老师运用"苦肉计",巧妙地调动了学生的思维,在注意力高度集中时引入新知识,因而学生对换元法的理解和掌握应该是深刻而透彻的。

　　英国有一句谚语:"平静的海面永远不可能造就一个有经验的水手。"在知识大海的岸边徜徉,只能得到一丝泡沫,一簇浪花。只有不畏风浪投入知识的海洋,练就驾驭风浪的本领,才能获取大海中取之不尽的宝藏。因此,使用"苦肉计",不管是磨炼教师还是磨炼学生,都是一个增长能力的好机会。对于教师而言,可以增强其教育教学能力;对于学生而言,则可以使其明白学习的重要性,从而促使其下定努力向上的决心,最终学有所成。

第五计　连环计
—— 多个计策连环使用以改变有"痼疾"的班级或学生

"连环计"本为元杂剧名。剧本写汉末董卓专权,王允设计,先许嫁美女貂蝉与吕布,后又献给董卓,以离间二人,致使吕布杀死董卓。后用以指一个接一个相互关联的计策。

其古兵法原文是:"将多兵众,不可以敌,使其自累,以杀其势。在师中吉,承天宠也。"意思是:"敌人兵多将广,不可与之硬拼,应设法让他们自相牵制,以削弱他们的实力。三军统帅如果用兵得法,就会像有天神佐佑一样,轻而易举地战胜敌人。"

两个以上的计策连用称"连环计",而有时并不见得要看用计的数量,而要重视用计的质量,"使敌自累"之法,可以看作战略上让敌人背上包袱,使敌人自己牵制自己,为我军抓住战机,打败敌人创造有利条件。赤壁大战时,周瑜巧用"反间计",让曹操误杀了熟悉水战的蔡瑁、张允,又让庞统向曹操献上锁船之计,再用"苦肉计"让黄盖诈降。三计连环,打得曹操大败而逃。

"连环计"运用到教育上,对于班级管理来说,无论是新组建的班级,还是中途接班,都需要采取一系列措施,而这些措施就有可能包含了一系列计策,如瞒天过海、打草惊蛇、顺手牵羊、空城计、苦肉计等等,而这些计策的连环使用,会使班级慢慢走上正轨。

在班级管理中对后进生的管理难度最大,因为后进生的转化不可能一蹴而就,班主任往往要花费大量的精力和时间,要使用一定的管理策略,而且不可能只是采用一种方法或计策,往往必须连环用计,否则管理成效不明显甚至没有效果。因此我们的管理策略必须遵循教育规律,既要注意抓整体,又要有针对性和侧重性。比如,在使用"擒贼擒王"之计时,要注意其他计策的配合使用,做到系列性和整体性相结合,环环相扣,才能帮他们克服自身不足,渡过"人生的危险期"。

"江山易改,禀性难移",对于我们要帮扶的问题较大的教育对象,我们要有充分的心理准备,这是一场持久战,因为我们需要花费大量的精力使用"连环计",才能帮其一步步克服自身的魔障,最终战胜自己,走向成功。

有这样一个"编程高手"的故事,充分体现了"连环计"的教育作用:

北大附中老师张思明曾遇到这样一件事。班上有一个学生非常喜欢摆弄计算机,可以说达到了痴迷的境界和较高的编程水平,但由此耽误了不少功课。特别是他不爱学习化学公式,认为那是靠记忆的东西,有了计算机,学这些东西就没有什么意义了。结果他的化学考试很不理想。张老师便去找他谈心,给他出了一道"计算机"难题,计算机能不能对输入的某个公式自动配平呢?这位同学一听立刻来了精神,回家以后就开始了研究。可他为了编写程序,就必须先把化学公式的配平原理搞清楚,不久,他在理解化学公式配平方法的基础上编好了程序。

张老师抓住他想证实自己编程实力的迫切心情,又接连提出了第二个和第三个问题:是不是书上任何一个化学公式用你的编程都能配平呢?你的编程除了适用简单的公式外,是不是还适用于比较复杂的公式?这两个问题不但促进了该生对化学公式的复习和记忆,而且使其对化学公式的学习更加深入。

面对学生的进步,张老师充分肯定了他的编程能力,鼓励他学好各门功课,为自己考入大学计算机系创造前提条件。从此,该生的学习更加自觉和主动。因为通过张老师的引导,他知道了两件事:一是自己能学好,二是自己必须学好。

在这个案例中,张老师一开始使用了"欲擒故纵"之计,后来又使用了"顺手牵羊"之计和"美人计",三计连环,让学生走出了痴迷计算机的误区,走上了正常的人生道路。

其实,对任何一个学生长期的持续性教育,都有可能涉及运用连环计。在网友"中医新解"的博客中,介绍了这样一个案例:

某女,16岁,2007年初中毕业报读我校,就读护理66班,读了一个学期自动退学。她个子不高,活泼开朗,聪明有礼,入学时给人的第一印象很好,和同学们的关系也很好。可是国庆以后没几天她就经常请假,在学校上课时经常不专心听课,甚至伏桌睡觉,但她接受能力强,考试前只要加加劲,学习成绩还可以,一个学期下来,学校没有劝退她,她自己却打电话给我,说春节后就不来读书了。

虽然做了不少工作,也通过家长、同学做了她的工作,但她就是不肯返校读书,问她为什么?她说家里没钱,要去打工,我说:现在读中职学校要不了多少钱,家庭经济的确困难的,还可以申请减免学费。又与家长联系,家长说:谁说没钱,是她自己不想读,不读就不读吧!由她自己!

但我没有放弃对她的教育,一直与她保持着联系:通过电话、班级QQ群。春节过后,她经过大约三个多月的打工磨炼,似乎也明白了不少事理,有天主动和我说:"打工没有专长给人看不起,想回来再读,你还收我吗?"我说:"肯定收你,老师一直很喜欢你的,但是你有近一个学期没读了,要读可以在今年8月份报名从一年级读起。"她又忧虑了。这样又过去了两个多月,我一直没有放弃与她的联系,她终于答应回来重读一年级,从2008年一直到今年毕业,其间都很顺利。

该女生辍学,家庭因素是源头,社会因素是助手,可她父母又放任自流,学校要争取家庭教育的积极配合是很困难的,所以选择的策略只能是让学校和同学成为她的"心灵栖身处",这就要求老师给她多一些热心,少一些冷漠,多一些宽容,少一些责备与埋怨。在此过程中,我是这样做的:

第一步,调查。从知情的同学中初步了解她的家庭情况,并且发现不少同学对她重回学校抱有希望,也愿意帮助她。

第二步,沟通。主动与她进行"交心",以建立师生间教育信任的心理基础。通过多次的沟通,她终于向我敞开心扉,把她的家庭情况、她的困惑等都讲了出来,但她对自己重回学校学习仍信心不足,因为自己真的讨厌读书。我充分肯定了她身上的优点,鼓励她发挥自己的长处,同时我也明确地告诉她,今天的社会是知识的社会,你16岁了,今后的路如何走,你自己也要好好考虑了。

第三步,协作。对孩子来说,同伴关系是最开放、最没有压力的人际关系。我不仅自己对她说:老师很喜欢你,一直希望你回到学校读书。背着她我告诉所有的同学:老师对她不放弃!同学们传话给她:老师不放弃你,同学们也很想你回来!

在这个案例中,老师运用了"欲擒故纵""假道伐虢""反客为主"等计策,最终达到了较好的效果,防止了该女生辍学,而且顺利完成学业。

在教学中,使用"连环计"的作用也是明显的。在直埠镇中傅少云老师的个人空间有一篇《我用连环计进行作文教学》的文章,记录了傅老师在作文教学中尝试运用"连环计"的经过:

傅老师在带领同学们学习《紫藤萝瀑布》前,先独自去校园观察了一棵与众不同的蔷薇,回去后写了一篇《蔷薇花,你好美丽!》的文章,并打印好,准备在作文教学时使用。

学习《紫藤萝瀑布》后,傅老师"顺手牵羊",带领全班同学去参观了那株正盛开着美丽的花儿,而且枝繁叶茂花苞亦多的蔷薇。之后,要求同学们以所观察的蔷薇为对象,仿照《紫藤萝瀑布》,用一节课时间写一篇作文。在下一节课,傅老师带头宣读了自己所写的作文,由同学们点评后,同学们也一个个宣读了自己的作文。傅老师使用"美人计",请同学依次大加赞赏,肯定闪光点,宣读作文的同学露出欣慰与感激的目光,大受鼓舞。这样,同学们的朗读能力、听说能力得到了很好的锻炼,其欣赏能力、审美能力自然也有了潜移默化的发展。这还不算完,傅老师又请同学们拿起红笔,像蜜蜂一样去采蜜,一边欣赏同桌的文章,一边将文中好的词句、闪光的地方用红笔标出来,在旁边大胆地注上美丽的赞语。最后傅老师将文章收起来,审阅、评价、赞美、奖励……然后装订成四本,挂在教室里,大家争相传阅,都颇想知道"战友"们的具体情况,一睹为快。

傅老师自己评价道:"这一个计策无疑给了同学们极大的好奇心,同时也有利于同学们养成'奇文共赏'的好习惯,陶冶了同学们的高尚情操。"由此可见,"连环计"运用到教学中,效果也是很神奇的。

心理学家詹姆士说过,每一回破例,就像让你辛辛苦苦绕起来的一团线掉下地一样,一次滑手所放松的,比好多次绕上去的还多。所以训练的连续不断是使神经系统行动万无一失的重要法子。教育孩子就更是如此,在教育过程中,情况是不断发展变化的,我们必须不断调整自己的策略,连环用计,保持"训练的连续不断",才能取得最后的成功。

治疗大病往往需要多个疗程,才能巩固疗效。治理班级或转化问题较大的学生,就要善用"连环计",才能使班级或问题学生稳定下来。因此教育既要提前规划好管理的方方面面,又要有随机应变的能力,而且还要根据实际情况连环用计,才能取得好的效果。

第六计　走为上
——摆脱当前的困境以便更好地发展或处理问题

"走为上策"出自南朝梁萧子显所撰《南齐书·王敬则传》:"檀公三十六策,走是上计。"明朝施耐庵所撰《水浒传》第一百零四回也有用到:"李助道:'事已如此,三十六策,走为上策!'"意思是指战争中看到形势对自己极为不利时就逃走。现多用于做事时如果形势不利没有成功的希望时就选择退却、逃避的态度。

古兵法原文为:"全师避敌。左次无咎,未失常也。"其含义是:"全军退却,避开强敌。虽退居次位,但免于遭到灾祸,这也是一种常见的用兵之法。"其是指在敌我力量悬殊的不利形势下,采取有计划的主动撤退,避开强敌,寻找战机,以退为进。这在谋略中也应是上策。在红军反围剿和长征途中,多次运用此计克敌制胜,保存了红军的实力,为后来解放全中国打下了良好的基础。

在教育中,当尝试了多种方法没有效果时,运用"走为上策"往往会起到意想不到的作用。但"走为上策"并不是彻底不管,而是采用另外的形式关注,是以退为进。

下面的案例可以让我们充分感受到"走为上策"的效用:

李晓明天天在家长的逼迫下补课,连周六、周日也不得休息,但是学习总不见长进。

作业没有时间写,晓明每天都在疲于奔命,心情十分烦躁。眼看学业无望,家长也无可奈何。一日,老师面授一计,父母商议后,决定听老师的,干脆放弃补课了,看看能不能产生奇迹。课是不补了,但是家里不许上网聊天、打游戏,不能看电视,有关的闲书也都封存了。父母两人一个看书、一个忙家务,偌大的房子空荡荡、静悄悄。晓明太无聊了,东屋走走、西屋看看,家长各忙各的,没人理他。走累了只好坐在桌子旁,百无聊赖随手翻翻教材,做作业、做几道课外题打发时间。哎呀,还挺有意思,因为时间充分、心无旁骛,几道习题做出来,兴趣还来了。

时间一天天过去了,晓明挺爱回家的,他说静悄悄地坐在那里想问题,也是一种享受。父母也按时回家,做好饭大家其乐融融,饭后没有闲聊,水果端上来,父母就隐退了。看看父亲在看书,看看母亲在做家务,晓明知道自己该做什么了。

晓明的成绩在逐渐地提高,学习习惯在逐渐地养成。运用"走为上策"之计,老师和家长成功了。

在此案例中,父母放弃让晓明补课,但也做了精心安排,封闭了导致晓明分神的其他途径,是典型的以退为进,因此这是一个将"走为上策"运用得较为成功的例子。

在班级管理中,若在某些情况下我们做了若干努力之后,学生仍无法改变或无法适应,我们也应该运用"走为上策",过于坚持可能会让局面变得无法收拾。

在 K12 论坛里,网友 zhangxiaoz 讲了这样一个例子:

因为本区职业教育资源整合,学校里又来了许多新面孔,班里又插进一名男生 S,住宿安排在一个混合宿舍,这个宿舍的学生来自五个班,且有几个很能闹腾。

S 身材瘦弱,不苟言笑,一看就是个老实孩子,我有点高兴同时又有些担心。高兴的是他不大可能惹麻烦,担心的是他在宿舍能否适应。

S 在教室里和本班同学相处得很好、很融洽。因为专业特点,我班原有 40 个女生,两个男生,所以来了这个男生后,全班对他都很友好,加上 S 乐于助人、略有幽默感、擅长调播电视、维修桌凳等,他很快就适应了本班的氛围。

但是他在宿舍的处境就大不一样了。送 S 进宿舍时,我专门提醒几个能闹的学生对 S 注意关照,也单独告诉 S 要尽量适应环境。因为不放心,两周内我到宿舍去了好几次。但不久,他就提出调宿舍。他是个好静的、腼腆的、内秀的男孩,他说舍友们唱的唱、说的说、打的打、闹的闹,甚至弄乱他的床铺,实在受不了。

我找他宿舍的宿舍长谈了两次,但是好不了几天就又反复;找公寓处调宿舍,主任说宿舍很难调,而且逃避不是办法,应该有什么问题解决什么问题,并表示亲自出面调解。

我继续关注着 S。当他又一次向我哭着要求调到他原来那个班的宿舍时,我决定帮助他。正好下午班主任开会,我和他的原班主任徐老师商量这事。徐是我过去教过的学生,人品很好,我们关系也不错,这事一谈即成。当天下午放学后,S 就找原班同学帮忙搬了宿舍,从此一扫脸上的阴云,逐渐有了笑容。

我想:多改变自己,少埋怨环境是对的。但是当无论怎样努力也改变不了自己,适应不了环境,更改变不了环境,也解决不了问题,而且再坚持下去说不定会有更不利的影响的时候,"走"就成了最好的办法。我们成年人都有过这样的经历,那么对一个未成年人又怎么能苛求呢?兵法上不也讲究"走为上策"吗?哲学上不也讲究从实际出发吗?

著名的王晓春老师是这样评价这个案例的:我赞成 zhangxiaoz 老师的办法。这是实事求是的态度。这种情况下如果逼着 S 去适应宿舍环境,对他的要求就过高了。退却、躲避,甚至逃避,都不可完全否定,都是人生路上的可能选项。人生是复杂的,我们不能以简单的策略应对之。当然,我若是 zhangxiaoz 老师,我会对 S 同学说:"我可以帮你躲开这个环境,但是你要注意,未来不如意的事情,不是都躲得开的。希望你锻炼自己的忍耐力,争取以后适应性能更强一些。"

在上面的案例及点评中,两位老师都支持了 S 同学的"走为上策"的请求。在我们的教育中,类似的让自己无奈的事情较多,管理者往往也是一再要求有什么问题就尽量解决什么问题,最后往往造成严重的后果。因此,碰到类似的实在是难以很好处理的情况,我们应该采取"走为上策",帮他暂时避开这确实无法适应的矛盾。至于锻炼忍耐力,随着孩子的成长,其各方面的能力也会成长,孩子以后锻炼的机会会有的,随着其心智的不断成熟,他会学会很多很多的东西,就像现在的我们一样。

许翔育博园也列举了如下案例并做了点评:

案例:某学生在上学时,经常打架,班里的同学几乎被他打遍了,学校让其先回家休息一段时间再来。在家里看到别的学生高兴地上学,他心情很不好。在大家的劝导下,他有些醒悟了,要痛改前非,发奋学习。他把这种想法告诉了父亲,其父亲见他有这种想法,很是高兴,便去找班主任商量,班主任开导他父亲说:"如果他此时回到学校,老师和同学们对他还抱有成见,于他不利,必须给他换一个新的环境,让他有一个新的开始才行。"他父亲一想,也有道理,便给他转了一个学校。后来此学生成绩很好。

点评:例子中的学生在原学校中造成了极坏的影响,虽然从理论上来说,教师和同学们不能歧视他,但实际上大家很难做到这一点,所以他继续在那里就读便不会有很大的起色,要想有个新的开始,就必须找一个新的环境,看起来像教师在赶学生走,但为了挽救这个孩子,教师的主意还是正确的。

上面的案例中,由于他班里的同学几乎被他打遍了,所以在他觉悟后,应该采取"走为上策"之计,因为到了一个新的环境,就会摆脱曾经的阴影,这样更利于他的发展。

"走为上策"不论是用在教育上,还是教学上,都有其巧妙之处。但"走"也分两种情况:一种是为了帮学生摆脱当前的不利情况(前面帮学生换宿舍及给打架的学生换环境的案例)或教师为了摆脱尴尬的局面(如学生问了一个棘手的问题,一时无法解答,可以赞扬学生很有思维深度,老师整理一下思路后再来给其讲解)等情况而采取的"金蝉脱壳"之计;另一种情况则是牵着学生的思路走,让分神或思想走偏的学生的精神或思想走回来。比如,语文课上窗外突现彩虹,学生"哇"声一片,教师则可以采用"走为上策",暂时放下当前的教学任务,顺势带领同学们认真观察彩虹,引导同学们结合诗文和修辞手法对彩虹进行描绘,并进行小组竞赛,对写得好、得分最高的小组进行奖励等,学生往往会踊跃参与。这表面上是偏离了当天的教学内容,但实际上是把已分神的学生牵引到作文教学上来。

对于教师来说,任何情况都不可能一走了之,我们的走是为了后面更好地处理问题。

只要我们运用好各种教育教学技巧,我们就是当今的教育家。

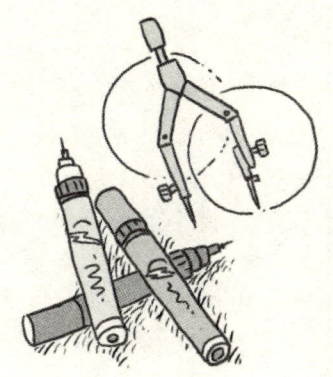

实　践　篇

　　撷取本人教育教学历程中的九个案例，共九篇文章，通过展示笔者的教育教学工作，来体现笔者的教育思想和工作思路，以求得各位教育行家的批评指正，也希望能使各位同仁有所收获。

实践之一　玩转太极
——引导学生解决自己提出的问题

　　班级管理其实是对班主任能力的全方位考验，许多出色的教育家更是把这种能力上升到理论的高度。其实，在实际的工作中，只要开动脑筋，我们往往有许多出乎意料的收获和感悟。有经验的班主任，就如一个太极高手，借力打力，可以把来自各方面的矛盾和阻力消于无形。我算不上经验老道，但在长期的班主任工作中，也渐渐磨炼得得心应手。

　　在我担任第二轮班主任时，其中有一件事，让我感受到了太极手法的妙处。

　　通过第一轮班主任工作的磨炼，我处理问题冷静成熟了许多。当我再一次从头开始新一轮班主任工作的时候，我甚至带着一份渴望，我相信带新班能展示我的能力。这次有了经验，我就不必跟以前一样天天守着班级，也不会再表示"不把大家带毕业我就不谈恋爱"了（因为我拼了三年，岁数也不小了，母亲还等着抱孙子呢！）。

　　和新班级的同学们见面之前，我做好了准备。我首先认真看了每位同学的档案，虽然档案只褒不贬或隐恶扬善是中国各类学校的一贯做法，但当了三年班主任，送走了一届毕业生后的我也成了半个行家，还是可以从中看出一些端倪的。我把档案中有用的信息提炼出来，与学生姓名及照片挂钩，跟背书一样记住了欲重点培养和需特别关注的两类学生的姓名、照片特征以及对应的性格特点等。

　　开学的那一天终于到来了，我所了解的纸质资料中的信息终于要变成立体的活生生的人了。这些刚刚由小学生改变身份而来的中学生在陌生的环境中显得有些不知所措，而见到以前的老同学后又有些抑制不住的兴奋，他们好奇着、试探着，不停地察言观色，同时心中的小算盘也在不停地噼里啪啦着……

　　我热情接待每位带孩子来的家长，请他们坐到我事先安排好的位置上，孩子站在他（她）旁边，并说等会儿安排收费，孩子和家长见我有条不紊安排家长学生进来,又暂不发表意见,高深莫测,都静静地看我事先发到座位上的育子材料。眼见得欲重点培养的学生基本到齐,我便发话了:"请各位家长将报名费交给孩子,自己在教室外稍等片刻。"

我将准备重点培养的学生分成三组,每组两人点钱,两人开票,学生分组上前交费,我站在讲台上督察:一防交费出错,二察值得特别关注的学生。在收费过程中,学生慢慢到齐了,后到的学生一进来便感到一股严肃、庄重的气氛,不敢造次,小心翼翼地交费;特别关注生摸不清新班主任的方向,不敢妄动。学生整体安静、端正地坐在教室里,交费井然有序,家长在门口也受到感染,不敢高声言语。交费工作十多分钟就完成了。

我要求学生将单据拿出去交给家长后迅速进教室坐好。我在门口对家长说:"辛苦各位家长了,孩子中午11:30放学,大家可以回家了。"声音不大,但家长立即按照要求开始撤退,部分家长上前来纷纷握手表示感谢。其他班级的收费工作还在进行,校园里正热闹,而我班成了特别之地。家长刚刚来时对我这个年轻班主任的狐疑心情通过短时间的体验基本解除了。我知道自己已得到了家长的初步认可。

整个上午我按照小学毕业档案中的资料及身高等因素安排座位,公布临时班委,组建小组任命小组长,任命各科科代表,并由临时班委组织领书、发书,一切都井井有条。每当有哪位特殊关注生蠢蠢欲动时,我的一双眼睛便严厉地盯上了他,一言不发,直盯得他坐立不安到完全坐正为止,有时碰上反应迟钝的、让我盯的时间长点的,全班也会跟着望过去,在全班同学安安静静、端端正正地盯着自己的威压下,他额头冒汗,赶紧坐正。

接着我公布了班规班纪、量化考核办法、班干部职责及班级管理办法,安排了下午卫生大扫除的要求,最后语气严厉地宣布:我们班是铁班,决不允许扰乱班级的人存在,如果不满意,有能耐的赶快转班。

下午,虽然有的班不上课,但我们班全班同学提前到教室,自觉进入了自习状态。我一声令下,全班同学在各自组长的带领下,开始了热火朝天的大扫除,公开的总督察是卫生委员,我则找了一个方便的地点暗暗观察。这样既可以考验班干部,又可以了解全班同学的真实状态。

终于,卫生委员向办公室走来了,我知道他是来叫我去验收劳动成果的,我赶紧回到办公桌前。询问了劳动情况及同学们的表现情况后,提示他忽略了的情况,并对他的工作在肯定的基础上进行了指导,让他当面列了一个劳动情况总结的提纲,然后和他一起回到教室检查了大扫除的成果。之后引导全班同学进行了自我介绍,班委主要成员进行了简短的就职演说后,我要求卫生委员进行了劳动总结。对于表现不好的几个同学,我要求他们留下来完成大扫除后的余留问题,并说明必须经过卫生委员验收后才能离开。

　　我来到门房,和门房徐师傅聊了起来。不久,××兵同学背着书包来了,突然看到我,正准备转身,我叫住了他:"请你就在这里等一会儿。"他站在那里不敢动了。我相信后继者看到他肯定会赶快回去完成打扫卫生的任务的。一直等到大家都出来时,我制止了卫生委员的发言,首先表扬了他们知错就改将功补过的行为,同时征询他们的意见应该怎样处理××兵同学。我故意建议他们和我一起到××兵同学家去家访,同时征询家长意见。他们一致说不好,我也知道不好。于是真诚地听取了他们的建议,也让××兵同学将功补过,打扫一个星期的卫生,××兵也表示要坚决完成任务。我同意了,同时请卫生委员监督。

　　第二轮班主任工作就这样开始了,班级工作从一开始就走上了正轨。我很庆幸我重点培养的同学不负众望,在一个月后的正式竞选中又顺利当选为班委,特别是一个个子不高、白白净净的、名叫陈×的女学生,有较强的领导能力。她当选为班长后,很善于处理问题,同学们对她心服口服。班级事务由各位班委各行其职,大点的事到班长陈×同学这里一般也就解决了,有时她拿不定主意,也会跑来问我,我便对她指点一二,她的能力越来越强,班级各方面工作也较顺利。我实现了遥控管理:各项事务都是各位班委到我这里领取指示,然后下去实施,而且落实得也较到位。我不可能时时守在班里,但这些班委成员却可以,所以班里一有风吹草动,马上就被制止了。我临时去探班级状况时,总是秩序井然。同事们都羡慕我碰上了好班,学生个个都听话。我笑着点头:"是啊是啊。"毛主席说过"有生活就有斗争"。这话不假,其实班里也有暗潮涌动,力的作用是相互的,班委压住了不好的苗头,班委也受到了来自不好苗头的压力,特别是作为一班之长的陈×同学。

　　半学期之后的一节课外活动课时,陈×同学来到我的办公室,吞吞吐吐好像很为难的样子。我搬了一把椅子请她坐下,问她最近的学习状态如何,各门学科学习是否有困难,然后再问她班务工作是否遇到了困难?她表示进入初中后压力大了许多,因为课程多了,想考第一名有些困难。我鼓励她说从开学十多名进步到期中的前五名,已经很不错了,而且把掉队的英语也慢慢赶上来了,这是很不容易的。她说自己不是第一名,是不是不够资格当班长,而且有些同学攻击她,她感到很委屈。我心里有些难受:一名十一二岁的小女孩,不仅承担了学习上的压力,承担了班级管理压力,还要受到攻击,确实太难为她了!

她接着提出辞职。我肯定了她的工作,感谢她半学期为班级做的贡献,也答应了她的辞职。其实我脑子里在迅速运转,我要留住她。如果让她辞职,于公于私都不利:班级管理因为欠缺她会受影响,而她本人如果没有了班长身份的压力也许会松懈,而松懈之后再来抓紧就不是那么轻松的事情了。我想到了太极拳,那种借力打力,四两拨千斤的技巧不是正适合我在现在的这种情况下使用吗?于是我说,我同意你辞职,但你必须给我推荐一名班长。她答应了,于是我们就班长人选展开了讨论。结果讨论了好长时间,却发现其他同学和她相比,都存在或多或少的不足,还是她本人最合适。

陈×同学毕竟是识大体顾大局的,她说:"还是由我继续做班长吧,我一定会更加努力的。"她在以后的工作和学习中,越来越成熟,各方面都取得了不小的进步,班级秩序也越来越稳定。我想像陈×同学这样的性格,长大以后一定会有所作为的。将近二十年过去了,也不知她现在状况如何,想必一定大有出息了吧!

实践之二　扭转乾坤
——扭转局面重握班级管理主动权

转眼间参加工作已经十年了，作为宜昌市教育局直属学校的办公室主任，我放弃了市教育局安排的暑期培训提拔的机会，来到了东莞市华南师大嘉玛学校。这是一所新办的学校，开学前还在进行建设，我们经过在广州华南师大十多天的培训后来到了这个各项设备都待完善的校园，克服了酷热、无水、无电、蚊虫叮咬等困难，并打扫卫生、搬好课桌凳、整理好教室、办公室及宿舍，终于在开学的日子迎来了学校的第一届学生。当天茶山镇派出交警协助维持交通，送学生的车辆在嘉玛大道上一直排列到远方，看不到尽头。

办好报到手续，开完家长会后，我驾轻就熟地对班级管理进行了安排。与在内地不同的是，我暂时无法找到责任心强的班干部，这里的学生要么不敢管，敢管理的又约束不了自己，自习课我稍微不到位就会有各种不应该发出的声音，甚至老师在教室时学生也会讲话甚至随意走动，一般性的口头强调好像已经失去了效果。

于是，我进行了"整风"运动，在大力培养班干部的同时，对重点违纪现象及重点人物进行了教育整顿。乱世用重典，我首先在教室点名让这些重点人物站起来，对他们进行了批评，然后指出再犯者将进行更严厉的批评教育。这些人中有些是违纪成了习惯的，再次违纪后，我叫他们带上纸和笔，把他们带到办公室，一字排开，依次问他们违纪的原因，并一一批驳了他们随意走动是为了借东西、讲话是在讨论问题等狡辩之词，在一个个慢慢认识到错误后，我要他们写出检讨。然而，我发觉他们的写作水平实在是不敢让人恭维。作为语文老师兼班主任，我特意从文法和思想内容两方面逐个对他们进行辅导，直到他们修改得较为令人满意为止。

我发觉这些学生不怕严厉的批评，但服从耐心细致的教育。他们越急我就越不急，他们耐不住这种磨功，几个回合下来，他们渐渐投降了。正气渐渐压倒了邪气，几个班干部也开始慢慢进入角色，班级工作缓缓进入正轨，我的心情也舒畅了起来。

我低估了"恶势力"的能量，这些在学习上不肯下功夫的孩子，在某些方面是不遗余力的。他们在班里没有了我行我素的自由而感到难受，于是就找各种方式反抗。他们在各位老师那里夸大其词地说班主任是如何如何过分严格地管理他们，大部分老师领教过当初他们的嚣张，他们的话招来了各位老师的进一步批评。然而年岁较大、较慈祥，且刚刚担任德育主任的政治老师支持他们说：当众批评他们就是不保护学生的自尊心，晚自习进行教育就是剥夺了学生学习的权利。这下可好，这些原本不肯静下心来学习的学生一下子找到了靠山，并迅速在班上鼓动，几乎所有的学生全部"反水"。我的话几乎没人听，班上重新乱作一团。我心里暗暗着急，放弃市教育局提拔的机会来到这里，难道会惨败而归？我相信办法总比困难多。我灵机一动，决定出奇制胜。

在班会课上，我说："既然同学们对我的教育觉得反感，说明我肯定存在很多不足，现在请同学们用纸条把我的缺点写出来，不用签名，而且大家写完后自己把它放到讲台上，我坐在后面，不看是谁写的，而且我保证以后也绝不追究，因为大家这是在帮我改正缺点。"

同学们写得很踊跃，我当着同学们的面一一读出来，并询问同学们是否属实，属实则板书在黑板上，重复不计。同学们给我找到了好几条缺点，主要就是太严格之类。这些纸条我一直保存到这届学生初中毕业，每学期我都会至少看一遍，以警醒自我。

在读完全体同学的纸条后，我说同学们写得都很中肯，感谢同学们给我指出这些缺点，我以后一定会改正这些缺点。这时有学生插嘴："如果再犯怎么办？"我说："说得好，我们讨论一下吧！"于是我们又制定了惩罚措施，这些举动完全出乎学生意外，他们既惊讶又佩服。

在他们为这事费脑筋，弄不懂我葫芦里卖的什么药的时候，我说："我们有缘组成了一个大家庭，我有幸成了这个大家庭的家长，那么我们怎样把我们共同的家建设好呢？是不是只要我做好了，这个班级各方面就好了？"

同学们说："当然不是，只有全体同学做好了，我们才能成为好班。""那同学们怎样才能做好呢？"于是同学们在我的引导下制定了班规班纪以及违反班规班纪后的处罚措施。这些措施都由学生干部负责实施，如果处理得不好则由我这个家长亲自过问。这些由同学们自己制定的规定和措施，我坚决贯彻，每天督促实行。调皮的学生感觉不太对劲，但也无话可说。

我终于又把握了班级管理权，彻底扭转了局面。后来，全班同学在我的带领下在以后的行为规范考核中，多次获得奖励，特别是在每次考试中，班级各门成绩的考评率一直名列前茅,更创造了八门成绩及总成绩名列年级第一的纪录。同学们和我的感情越来越深,当在他们刚升初二我辞去班主任担任学部德育主任时,不少同学还哭了。

实践之三 心灵交锋
——引导学生真心反省自己的言行

我担任东莞市华南师大嘉玛学校高中部德育主任时,按照学部安排,周四晚由我主持召开学部各班班长座谈会。晚上7点钟刚过,各班班长基本到齐,我准备讲话,这时生活教官带着一名学生来了,是我以前教过的学生任××同学。生活教官反映:该生中午就餐时把饭和碗掉在地上了,生活教官要求他把碗捡起来,把饭扫干净,他却说把生活费还他他就扫,然后就走了。

由于我当时要开班长座谈会,所以告诉教官先让任××同学把事情经过和想法写下来给我,我等会儿处理。我看了一眼任××同学,他脸上已有惭愧之色,毕竟我曾是他的班主任,他可能想起了我以前的教育吧,我要求他回教室拿来纸和笔,把事情经过和想法写下来,然后就开座谈会去了。我开完班长座谈会,又开了其他会议。

等回到办公室,任××同学已经写好经过和想法按要求放在我桌上,回去上自习课去了。我看了一遍他写的内容:

今天中午,我照常到饭堂吃饭。可是在排队的时候,有很多人插队,教官看着又不管,再加上打卡机有点失灵,所以今天排队排了特别久,加上本来就有点烦躁,所以心里就特别不爽。

等到打完饭,回到座位时,我不小心把饭弄掉了,但是我没有立刻把盘子捡起来,而是再去打一碗饭。

后来吃着吃着,教官过来叫我等一下把饭扫了,可是我没有理会他。等我吃完饭,走的时候教官又叫我扫,这一次我就说:"把生活费还我我就扫。"然后我就走了。

我会这样说可能是因为平时在家里环境和条件都太好了,有时去酒店吃饭不小心倒了东西都是服务员收拾,所以就理所当然地想,这应该是教官或饭堂的阿姨、叔叔做,不然我的生活费、伙食费(饭堂员工的工资)是白给的吗?再加上我们宿舍的同学觉得现在这个教官很多地方都管理不到位,

实　践　篇

而且很多时候都像针对我们一样,将小事都扩大然后告诉班主任,害得我们多次被班主任批评。

日积月累的不满加上当时烦躁的心情,令我忍不住对教官说了那些话。但是到了现在,我已冷静下来了,也想清楚了,其实那绝大部分都是我的责任。

××班任××

看来任××同学已初步认识到了他的错误,但他的思想上还有一些问题需要我帮他理顺一下,而且有些偏误的地方还需要帮他纠正。

于是,我把他叫到了办公室,开门见山直入话题,首先感谢他按要求完成了写作内容,其次感谢他能对我说真心话。然后我问他:"你写的情况中说'平时在家环境和条件都太好了,有时去酒店吃饭不小心倒了东西都是服务员收拾',那么在家时是否也没动过手,全靠家长为你服务?"

"不是,在家是我自己动手做。"

"你真的认为'这应该是教官或饭堂的阿姨、叔叔做,不然我的生活费、伙食费(饭堂的员工的工资)是白给的吗?'"

"那我们交这么多费用应该有这种服务吧?"

我明白了,这就是当前普遍存在的"我给了你钱,你就应该为我服务"的理论。这理论在社会生活中有其存在的合理性,但没想到竟然渗透到学校教育中来了,这也是教育难做的根源之一。加上该地经济较发达,商业意识浓厚,各类学校招生时也有各种服务承诺,家长也把学校服务作为选择的重要标准,学生受到潜移默化的影响,但他们没能区分在学校受教育提高能力与享受服务的关系,总是认为我交钱了,在学校一切教职员工就应该为我服务,再加上民办学校为了生存发展,一直要求教职员工全心全意为学生和家长服务,从而导致学生认为在学校所享受和获得的一切,包括学习的进步和能力的提高都是教职工应该提供的服务,而没有想到教职工为他们付出的心血,从而缺乏感恩之心,这样极易让学生产生自私自利的性格。一旦形成这样的性格,他们不能感受到任何人(包括父母)对他们的关爱和付出,他们的生活也就难以有幸福可言,世界上也会因为这样性格的人存在而增添一些不美好的东西。这种思想一定要纠正。学校虽然一直在做感恩教育,但这是一个长期持续,不断潜移默化的过程。

我首先告诉他对听到他这样说有些意外,因为我印象中的他是各方面都很不错的学生。然后我问道:"你认为学校和酒店是一样的?生活教官和饭堂阿姨叔叔就是服务员?"

任××同学表示自己不好说,我给他讲解学校的工作人员是提供服务的,但更重要的是育人,是培养我们,特别是像我们这么大的高中生,更应该具备应有的能力,养成良好的习惯,而今天你的所作所为就反映了你思想上的不足之处。

任××同学又说,其实他也知道这种行为是不好的,但现在的同龄人都是这个样子,如果他去做,会被人耻笑的。

我问他:"还记不记得我给你们当班主任时的一句口头禅,'不要……'"

"……随时随地展示自己的低素质。"他马上接口道。这是我当初教育学生形成的班级口号,"不要随时随地展示自己的低素质"后来成了同学们互相教育和提醒的常用语。

接着我给他举了同年级的几个同学的例子,来说明同龄人里面有很多品德优秀的学生,他们从不在意别人的看法和议论,敢于坚持正义,树立正面典范,这才是当今青少年应该有的态度。另外,如果我们明知不对却因为害怕别人的耻笑而不去更正,那岂不是增强了坏势力,让世界增添了不美好的东西吗?

后来我们又谈到生活教官,他说生活教官故意针对他们。我让他举例,他举了生活教官多次不管别的宿舍,只要求他们宿舍角落里不要讲话,以及一次宿舍角落里掉了一只鸡骨没扫干净,教官故意将其放到显眼的位置,等他们回来后进行批评等事例。我指出所谓没管别的宿舍只是你们的猜测,假如真是这样的话你们应该特别感谢教官,因为他特别重视关心你们才会多次去提醒你们,让你们保持充足的睡眠难道不是为了你们好吗?另外你也说自己宿舍多次故意与教官作对,那么教官如果不把鸡骨放在显眼的位置让你们看到以便教育,你们是否会否认有鸡骨呢?而且你自己说早晨没认真打扫,这本身就不对,教官管理就应该从细节管起啊,如果他不认真,我们岂不是会养成一些不好的习惯?你觉得这样的教官是坏教官?他这样做难道不是为了培养我们的美德?他这样做难道不是为了让世界增添一些美好的东西?

谈到这里,他觉得自己真的错了,同宿舍的以及其他一些同学的认识也不对。我要求他回宿舍区后,首先和教官认真谈谈,真诚地道个歉,然后找机会和同学们交流。

任××同学似乎还有话要和我谈,但又不好说的样子。我知道他还没完全想好。

"有想法随时欢迎你来和我交流。"

他点点头:"谢谢老师。"他站起来鞠了一躬,走出了办公室。

实践之四　扭转心态
——运用叙事德育改变学生的态度

叙事德育，从字面理解，应该就是通过叙述事例来进行思想教育。这一模式适应了人类的普遍心理，所以往往能起到良好的教育效果。《伊索寓言》之类的书籍之所以能传遍世界，大概也是与人们愿意在故事中接受教育这一心理有关吧！

叙事德育避免了空洞的说教，在生动的事例启发下，往往能提高学生的认识，牵动学生的情感并引发思考，进而起到促进学生行为的改善并养成良好习惯的效果。

叙事德育不仅能在教师的教育中对个体发生作用，而且运用到班会上也能对全体学生起到良好的教育效果。

在对我班罗××同学进行教育的过程中，叙事德育起到了良好的作用。

情况再现

罗××同学刚入初中第一天军训时上吐下泻，多次离队处理，但稍事休息后就又归队参加军训了。

开学后最初一段时间，她经常回教室较晚，看起来显得闷闷不乐。一周后经常和同桌同进同出，脸上有了笑容，有时班级受表扬或自己做得出色则会和同桌一起到班主任处报喜。

不久，发现在课堂上她的同桌板着脸，她的表情则显得更加闷闷不乐，下课后不再和同桌聊天，而是默默看书做作业。

后来，她在中午放学后或下午放学后会找老师哭诉，说自己孤独无助，说自己没有朋友，同桌排斥她，经过疏导后过不了两天又会来哭诉。

与家长联系，家长反映她天天打电话回家，哭诉要回家。后来家长因担心孩子便到校了几次，和老师也进行了交流，她的状况没有好转。家长考虑准备转学。

内因分析

罗××同学是一个感情丰富、自尊心强、特别在意别人的感受而又特别恋家的孩子。小学阶段她一直生活在爷爷奶奶和父母身边,除了学习,基本不用做其他的事。而她的学习成绩在小学是遥遥领先的,是少先队大队长兼广播站站长,在小学拥有众多粉丝,是班级乃至学校的核心人物。

进入初中阶段后,要自己洗衣服、整理内务,别人早早地就做好,并回到教室学习去了,她还在慢慢洗衣服、叠被子,虽然同学们也教过她、帮过她,但她每天看到别人整齐的床单、被子和柜子里整齐的衣服,而自己怎么弄也弄不好,总是最后一个回到教室,所以自己感到很自卑。由于生活上耽误时间较多影响到学习时间,所以背诵科目也总落别人一截,导致她担心成绩会一塌糊涂。最重要的是进入东华后她在小学的那种优越感消失殆尽,心理落差太大,因此自卑感、依赖感、孤独感便涌上心头。她的内心成因用下图可以清晰地体现出来:

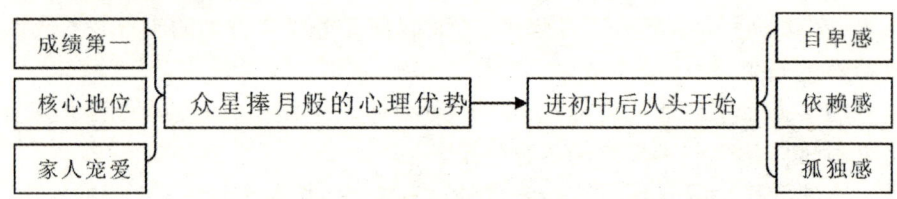

教育思考

在罗××同学的教育过程中,我曾表示愿意当她的朋友,帮她解决困难;也曾和她的同桌谈心,鼓励同桌做她的朋友;和她同宿舍的成员座谈,鼓励她们帮助她;和她的家长交流,建议家长要狠下心来,不要轻易接孩子回去,及时和班主任沟通采取一系列措施帮她度过"断乳期"……

在这些措施都见效不够明显的情况下,我决定调动她的内驱力,利用她自尊心强的特点激发她。我告诉她,如果要得到真正的朋友,必须要有自己的魅力,并用一些故事启发她静下心来努力提高自己,增强自己的实力。

虽然她在初一上学期期末获得了年级第一的好成绩,但她的心理状态并没有得到彻底扭转。在这种情况下,我感到一般性的教育对她已经不能起到根本性的作用。

因此,下学期在和她的家长充分沟通的基础上,通过征求级长的意见,我决定针对罗××同学开展一次专题班会。

叙事班会

　　为了召开这个班会,我可谓煞费苦心。为了鼓励罗××同学,同时为了避免在她心里造成负面影响,我决定把班会定位为以罗××同学的事例来鼓动全班同学,让罗××同学用正面形象来鼓舞感染其他同学,从而达到树立她的自信心的效果。为了开好这次班会,我除了多次和班委会成员讨论,还多次与罗××同学商议,给她录制了视频,并与她的父母多次沟通,请她的父母录制了讲话视频,我也专门为她写了一篇文章《罗××,你是最棒的》,而且把班会主题定为"良好心态,美好人生"。最后,级长还把这堂班会确定为校级班会示范课。

　　这堂班会课的整体环节很简单,包括导入只有七个环节,以观看《神箭手的故事》视频来导入班会议题后,我引导大家思考心态对一个人能否发挥正常水平所起的作用。

　　接着向大家介绍102班的故事。指出现在的102班是一个优秀的集体,就拿刚刚过去的期中测试练习来说:取得了三门学科年级第一、总成绩年级第三的成绩,有20名同学获得了优胜学生称号,班级获得了优胜班级奖;一学期来班级很少出现扣分现象,5月实现了零扣分;个个同学都是积极向上的,课堂上踊跃发言,争先恐后地组织班会团队活动,以小组、宿舍为单位的竞争使我们形成了既互帮互助又相互竞争的氛围……

　　然而,当初的102班是怎样的呢?上学期进校后第一次月练的结果是沉重的,紧接而来的十月给人的感受是黑色的,班级氛围是沉闷的……

　　为什么我们102班会有如此大的进步呢?也许从下面这位同学的故事中可以找到答案。我从而引出了"罗××的故事"。

　　我们展示了罗同学的照片,请同学们从正面评价了罗同学。接着播放了罗同学讲述当初处于低潮时期的视频,请同学们评价了她的这段成长经历并播放了罗爸爸看待她这段经历的视频,为了进一步激励罗同学,我朗诵了为她写的文章《罗××,你是最棒的》。

　　在此基础上,请罗××说了心里话并表了态。

　　我在此基础上引导同学由罗××的发展联想到班级的进步,指出她的进步是由于调整好了心态,她的发展是我们班级成长的缩影。并由此进入现场互动环节。

　　请同学们用下列句式写三句话:

　　我无法实现……

　　我无法完成……

我无法做到……

随后,我指出大家所写的这些话其实就是一些不良的心态,当这些不良的心态在潜意识中暗示自己不行时,往往就会影响我们能力的发挥。

接着我们通过"杯水放物,打破设限"游戏体验让学生明白因为害怕实验失败,所以不敢尝试,在这个不良心态的暗示下,我们失去了很多机会。

接下来要求同学们将下列三句话:

我无法实现……

我无法完成……

我无法做到……

中的"我无法"划掉,改成"我一定要"并大声读出来,同时谈谈感想。

在全班同学齐读誓言后,我对班会进行了总结,并鼓励同学们要不断地调整自己的心态,相信自己一定会拥有美好的人生,要相信自己,去赢得胜利创造奇迹!

最后班会在《相信自己》的歌声中结束。

班会效果

班会后,罗××同学的整体状态有了很大改善,笑容常常洋溢在她的脸上。她在作文中写道:"每天匆匆忙忙地行走于校园,奔波于各科奥赛的教室之间,一度觉得压力太大,自己已经承受不住……或许正是我的坚持,我的拼搏,使我逐渐成熟,完成了由幼稚到成熟的蜕变。如今,我虽然仍身在快节奏的校园里,但却忽然感到轻松了,在飞快的步伐里多了几分闲适,在紧张的节奏中增加了一点欢乐,连老师都对我的闲适感到惊奇……"

近两年过去了,如今的罗××同学全身心沉浸在快乐的学习生活中,是全面发展的优秀学生,成绩一直名列年级前茅,多项奥赛成绩拔尖:英语奥赛获得了全国一等奖,生物奥赛获得了全省二等奖,数学奥赛初赛获得了全校第一名。另外,他在语文作文竞赛中多次获奖,并有多篇作文发表。而且她对自己所担任的职务也很负责,主持办的黑板报多次获奖。

回顾反思

对罗××同学的教育是一个较为漫长的过程,而最后起到关键作用的是那堂叙事德育班会课,其对教育起到了由量变到质变的推动作用,促进了罗××同学的彻底改变,可谓是"淘尽黄沙始得金"。因此我们在教育过程中要能耐得住性子,等待学生的进步与改变。

其实,班会课的大部分素材都是平时积累的,其中领略"罗××的风采"中展示的罗××的照片,都是平时班级活动的留影,这些记录了其成长和辉煌时刻的照片在特定环境中对其产生了极大的激励作用。因此我们在平时的活动和教育过程中要注意及时积累素材,这是进行叙事德育的必备条件。

这堂班会课能起到教育作用,其中一个关键因素就是采用的事例基本全是班级和学生身上发生的事情,根据学生的不同情况,有针对性地量体裁衣,对学生有说服力。所以叙事德育一定要注意针对性。

当然,面对心灵处于成长发展阶段的初中生,仅靠一堂班会课是不能彻底解决问题的,我们要坚持做好后续工作,把教育引导融入平时的学习生活中,这样才能真正做到让学生保持良好心态,拥有美好人生。

愿班主任都能运用好叙事德育这一教育方法,引导更多的孩子走向成功,享受美好的生活!

实践之五　走进心灵
——从内心理解学生陪伴他们成长

我非常荣幸能成为东华初级中学的一员,而且成为了公办班 102 班的班主任。从 2010 年 11 月份开始,我们 102 班各方面才开始走上正轨。行为规范方面多次受到表扬,成绩逐步提升,期末考试从第一次月练的公办班第一名(倒数)上升为正数第四名。

班级成绩的进步,有一位干部功不可没,她就是吴××同学。她在我班的小升初考试中排第一名,通过调查,了解到她想当学习委员,因为她认为自己有能力带动班上的学习氛围。她作为班级的学习班长,为班级的发展做出了一定的贡献,但她个人的学习成绩及平时表现却经历了一系列波折。

从第一学期第一次月练到第二学期第一次月练,她的成绩步步后退。在行为规范上,她在宿舍讲话被扣分,看小说被扣分,多次看资料被扣分,把零食包装袋扔在教室垃圾桶外被扣分。作为公办班,这样的学生应该是大批特批,杀一儆百的。但我一直在保护着她的自尊,特别是有两次宿管警告了她并告知我后,她求我不要在班上批评她,这样她会遭到全班同学的唾弃的。我答应了她,我一直在等待,等待着她的醒悟,等待着她的奋发。

因为我知道她其实也很不容易:她的妈妈要在广州陪即将高考的哥哥姐姐,爸爸在潮州老家做生意。别人每周回家都有爸爸妈妈陪伴,而她只能去妈妈朋友的家里,妈妈的朋友家天天打麻将,她不仅不能享受亲情的温暖,甚至连安静的学习环境都不能保证,所以她有时就会去同学家。妈妈偶尔回到东莞,又喜欢对她发脾气,甚至打她耳光。她在给妈妈的信里写道:"以前我常跟你顶嘴,甚至泼辣地与您动手打架,从小到大的任性似乎一直没有改变,我感到很抱歉!现在,我会学着理解您的辛苦,其实当个发泄不良情绪的垃圾桶也是件快乐的事情。……"看来,她是一个缺少关爱的孩子,而且是个很懂事的孩子。我要用爱来改变她的坏习惯,用走进她的心灵的教育来树立她的新形象。

但是,本学期刚开学,她和另外一位同学做宿检工作不认真,导致三间女生宿舍全面开花被扣了一分。我没有开批斗会,而是把她们找来分析原因,制定补救措施。最后,我们商定,在下周的班会上,由她们针对这件事向全班发出倡议,力争以后做到零扣分。她们在倡议书中不仅诚恳地反省了自己的错误,还说很感谢老师让她们在犯过错的情况下,以这种方式倡议各位认真对待宿检工作。从那以后,直到初一结束为止,102班再也没有出现扣分现象。

第二学期的家长会上,她负责向家长介绍本班的学习情况,她准备得很充分,不仅介绍了102班学习小组的学习竞赛情况、各科过关情况、测试情况,还介绍了"二课"开展情况。外面等待的准备为家长表演的同学埋怨说:"讲这么长时间,李老师可能都没时间讲了。"我说:"她讲得很好,家长更相信同学们讲的,她讲一句话能顶我的十句话。"她讲完后出来对我说:"我不该自由发挥,我讲得太长了。Sorry!"我答道:"That's all right!"她高兴地笑了,到处向同学们宣讲我的回答。

看着她的笑容,我在想多可爱的孩子啊!在受到不公平的家庭待遇时,她默默承受了;在受到批评和看到成绩后退时,她默默忍受了;而在本应该受到表扬时,老师只是给予了一个肯定的回答,她就那么高兴……啊!我的孩子们,你们是如此可爱,我愿做你们的朋友,愿和你们进行心灵的交流。我愿在你们无助和孤单的时候,给予你们温暖和帮助;在你们迷茫和担心时,给你们指明方向;在你们取得进步和成功时,给你们最大声的喝彩……老师相信你们是最优秀的,时间会让你们证明一切的……

实践之六　以文激励
——于关键期用写文章的方式激励学生进步

刚来到东华初级中学，我完成了从德育主任到班主任的角色转变。我驾轻就熟地在班上实行了金字塔式的纵向管理与井田式的小组横向竞争相结合的立体式管理模式。由于我所带的是公办班，学生本身就很优秀，所以在师生共同经历了最初不适应的时期后，班级迅速形成了良好的班风，进入了较为良好的状态。

但是，人是容易懈怠的动物，任何集体也需要定时或不定时地激励，才能保持不断前进的态势。虽然除第一学期外，我班连续五学期的德育总分都是年级第一，但其中也经历了一些波折，我采取了许多措施维持班级积极向上的风气，其中重要的一条就是，每逢班级出现异常情况时，我就会利用语文老师的优势，写一篇文章在全班宣读，来激励同学们，这起到了良好的效果。

比如，初一下学期开始不久，已经慢慢熟悉起来的同学开始闹矛盾，有些不良习惯也慢慢显露出来，有些人甚至开始表现出了其较为卑劣的言行，找我反映情况的同学增多了。在这种情况下，我于2011年3月24日写了一篇《你也可以做得很优秀》的文章并利用语文晚修时间向全班进行了朗读，全文如下：

同学们，很荣幸我们能在东华初级中学初一（2）班这个大家庭相聚，这曾是一个优秀的班级，正是因为曾经的优异，使我们如今在这个公办班再次相聚的时候，又不免感到了失落。

是的，小学时我们可能是班级的明星、核心，甚至是年级、学校的焦点。但是现在，我们好像什么都不是，好像没人重视自己了，好像自己说的话也没什么分量了，甚至都好像没人留心到自己的存在了。特别是还有一些同学是第一次离开温暖的家在学校住宿，每天不能和朝夕相处的家人相聚了。于是，孤单寂寞、空虚失落笼罩了我们的心灵，一度感到陌生无助、无所适从。

实 践 篇

不行,我要改变这种状况。于是,大部分同学努力了,成绩呈现出良好的发展趋势,有的甚至在强手如林的东华初中也成了佼佼者。从此,他的心灵有了寄托,他的生活变得充实,他的目标越来越明确,他的表现也越来越突出……光明的前途似乎在向他招手,老师、同学、家长的肯定让他充满了信心……

毕竟是生活在人群里,不管是公办班还是平行班,都会有君子和小人。有的人看到别人进步了,为同学高兴,为班级感到光荣,自己也开始奋起直追,他也要为家长争气,为班级争光,为自己争取好的前途;有的人看到别人进步了,感到特别难受,因为自己不想太辛苦,或者是即使自己辛苦了也无法取得好效果,但他不想被别人说自己无能,于是就想方设法打击那些优异者,因为就是别人的突出才显出了他的不足,就是因为别人的优秀才显出了他的拙劣,就是因为别人的努力才显出了他的懒惰……

这种打击别人的人,也许会用巧妙的手段,旁敲侧击、风言冷语、白眼冷遇……但是,真正的有志向的人岂会在意你的这种小伎俩。他们有目标点亮自己的心灯,有计划指导自己的路途,有自信做好自己的安排……他们也许会受到暂时的干扰,但最终会越挫越勇,意志会越来越坚定,从而让自己越来越优秀,你的打击反而成了磨炼他意志的熔炉,帮他最终锻炼成钢。他最终成为更优秀的人才时,你即使再妒忌也无济于事,而他也不会感激你,因为你的所作所为在以后的生活中终将为人所不齿,而你也终将无颜见江东父老。你再后悔也许也不会有人再愿接近你,谁愿意接近一个卑劣的失败者呢?

而我要说的是,打击别人的同学,你真的不必这样做。你完全可以换一种方式来表达你要说的话:你可以在别人取得优异成绩时,说一声"你真棒,我真佩服你!";你可以在别人提前进教室时,说一声"你真积极,我要向你学习!";你可以在别人为班级做出了一份贡献时,说一声"你真了不起,我们以你为荣!"……

这样,在你学习掉队时,别人会积极主动辅导你;在你遇到困难时,别人会帮你一起克服;在你取得进步时,你也会得到别人由衷的赞美……相信在这种情况下,你也会越来越优秀,因为我们102班本来就没有弱智,你所欠缺的,就是那么一份勤奋与心态,你把精力放到学习上来,加上那么一份努力,你也会变得很优秀的。与其最终被人看成卑劣不堪的失败者,不如现在就开始奋发证明自己的实力,因为你真的也可以做得很优秀。你说是吗?

这篇文章朗读后,起到了较好的作用。不良现象得到了遏止,学风变得更浓厚了。

为了迎接期中考试并激发同学们的学习热情，我又写了《我真的以你们为荣——写给102班的同学们》一文，增强了同学们的自豪感，激发了同学们的集体荣誉感。文章内容如下：

　　当你遇到挫折时，身边有一群积极乐观的孩子充满期待地巴望着你；当你遇到困难时，身边有一群奋发向上的孩子踏实勤奋地激励着你；当你迸发激情时，身边有一群全神贯注的孩子全力以赴地配合着你……这时，你会有什么感觉呢？当然，这是让人感到幸福的。这就是我的感觉：我真的以你们为荣——102班的同学们！

　　还记得吗？当2010年8月27日上午，你们第一次跨进东华初级中学校门，第一次坐进102班教室里的时候，我已经期盼你们的到来好久了。前后黑板的欢迎标语、教室门口及前黑板的座位安排、宿舍安排及分组表……都是我期待中的心血。军训中，你们展示出来的不惧困难、顽强拼搏的意志，深深感动了我，让我感到你们就是最棒的学生。

　　然而，现实是残酷的。第一次月练，让我们明白了什么是强中更有强中手：8个公办班，我们的总成绩是第8名，而我所教的语文也是第8名。但我们没有气馁，我们深信天时不如地利，地利不如人和。我们共同分析原因、制定措施，我们共同学习、一起进步。期中考试我们取得了总成绩第5名的进步，期末更是进步到第4名，语文也进步到第4名。

　　除了学习，我们在行为规范方面也是越来越好，清洁卫生总能做到最优秀，各方面的竞赛也总是能拿到优异成绩，现在每天公布的午间一歌和眼保健操检查情况，我们也总是排在榜首……

　　你们勤奋向上、尊师守纪、多才多艺、团结拼搏。你们办的黑板报、墙报让人赏心悦目；你们表演的节目精彩纷呈、引人入胜；你们做的广播操动作标准、整齐划一；你们做的作业书写工整、答题规范；你们展示的书画作品功底深厚、美观大方；你们在课堂上积极表现、争先恐后……

　　许多同学在作文中提到李老师总是面带微笑。有生如此，何等幸福；聚天下英才而教之，何等幸运！

　　我相信我们的各方面会越来越好。因为我们是一个大家庭，我们中的每一个人都爱这个家。"二班齐心，其利断金。"我们一定能实现我们的誓言：我们会站在东华最高峰。

　　在期中考试后，为配合我班举行的校级班会公开课，更为了帮罗××同学走出低谷，我写了《罗××，你是最棒的》一文，在校级班会课上进行了配乐朗读，部分师生还落泪了，而且帮罗××同学从此走上了人生的新阶段。文章内容是这样的：

迈进东华初中 102 班教室的第一天,你就展示了你的坚强。饮食不习惯加上高强度军训,导致你又吐又泻。可是,苍白的脸色挡不住你向上的决心,疲弱的身体打不垮你顽强的意志。你轻伤不下火线,一直坚持到军训圆满结束。

9 月的骄阳炙烤着大地,全新的寄宿制初中生活磨炼着你那颗敏感的心。艰苦的训练和身体的不适没能击败你,而对亲人的思念以及生活上的不适应却让你备受煎熬。更重要的是,在你心灵上最需要抚慰的时候,在你最渴望好朋友给你力量战胜无助感的时候,个别你认为最好的朋友却给了你沉重的打击——她没有在患难时拉你一把,却不断要求绝交。

至今还记得你几次在我面前哽咽、泣不成声的样子。说真的,你的样子确实让人心疼。我也感谢你能把我当做你心灵的依靠,在你最委屈的时候能想到我,来寻求我的帮助。我陪你谈心,愿意做你的大朋友。你却仍为失去个别人的友谊痛不欲生。我告诉你,你有父母、老师、同学,你不是为了某一个人而活着,不要为了一片树叶而失去了整个森林。

你不断打电话给父母,父母在电话中不停地安慰你;父母又求助于学校,于是除了我,杨校长、田级长、张启华老师、李树峰老师也都和你谈心,不断给你的心灵灌注力量。

你在心灵的折磨中成长着,在师长的教诲下调整着。泪水一次次弥漫了你的脸颊,也一次次牵动着家长和老师的心。那是一段怎样的日子啊!曾经一度让我们觉得,我们的小罗同学也许无法调整好自己了。但是,我们错了。她不但调整好了自己,而且做到了最棒!

你看:你与陈××同学合作组织办的黑板报,质量越来越高;你多次组织活动课、班会课,越来越轻松自如;你的表现越来越积极;你的成绩越来越好……在上学期期末考试中,你竟取得了年级总分第一的好成绩。

罗××,你终于战胜了自己!山高人为峰。你战胜了自己这座最难攀越的山峰,你一定能站在东华的最巅峰,一定能登上人生那最辉煌的顶峰!

让我再次告诉你:罗××,你是最棒的!

在学校,许多的老师特别是班主任都深有体会,在初二年级,大多数学生在思想道德、学习成绩以及能力培养等方面都开始出现两极分化的趋势。在初二同学心中,自己像是学校的老大。刚刚入学的初一没本事,初三的又要进入中考的备战阶段,自然最后剩下的就是初二的同学们。许多原来听话守纪的学生,这时开始出现不同程度的对抗情绪、抑郁自卑等心理障碍以及说谎、破坏等不良行为,因此在初二这个特定的阶段,随着生理和心理的变化,学生所显现出的不良心理、情感和行为特征,就是一种值得注意和研究的"初二现象"。进入初二后,我班的同学们也出现了"初二现象",针对这种情况,我写了《让我们从小事做起》这篇文章,文章是这样的:

202班的同学们,开学才十多天,我们的宿舍就被扣了两分。作为公办班,这是很不正常的。不用说5班,就是1班等平行班也做到了零扣分。而我们班还有一间女生宿舍因早起差点扣分,所有的男生宿舍卫生都是非常不到位。开学三周了,还有一间男生宿舍的卫生值日表没有张贴,有一间只贴了一角,在门后随风翩翩起舞。教室卫生也出现了护栏不擦,讲台经常有粉笔灰而不扫,晚自习经常有"嗡嗡"声的现象。

很多班级进入初二后就进入了一种良好的状态,他们不仅在学习上突飞猛进,而且德育方面也实现了零扣分。因为他们知道初二是承上启下的关键一年,即使当初在初一时不适应,学得不够扎实,德育方面做得不够完善,甚至体育锻炼效果也不明显。但初二他们将不留遗憾,创造属于自己的辉煌。

而有极少数同学,因为通过一年时间的初中生活,熟悉了老师、同学及环境、管理要求,开始变得不太严格要求自己,从各方面开始放松对自己的要求,自己出现滑坡现象,也影响了整个班级。从而使班级整体状况变得糟糕起来。

那么,我们202班应该做哪一类班级呢?毋庸置疑,我们每个人都希望做第一种班级。虽然初一最后一次统测我们离目标差得太远,曾被竞争班级打败。但我们不服输,新换的老师和增加的新科目让我们信心大增,而其他科目我们又有优势。开学举行的三个学科的竞赛选拔,我们班各科入选人数都是年级第一,说明我们在智力方面是完全有实力的。而且,上学期我们的德育总评分也是年级第一,我们在规范上也曾是做得非常好的。那么我们为什么在每次的统测中无论是尖子生人数还是总平均分都没拿到年级第一呢?

从我们开头所列举的现象中就可以明白原因了。也许有同学会说,这与成绩又有什么关系呢?其实,这太有关系了。文章开头列举的似乎都是一些小事,但正是这些小事,决定了我们将来的成就和命运。

古人所说的"一屋不扫何以扫天下"是有道理的,所以刘备临终前告诫其子"勿以恶小而为之,勿以善小而不为"。将小事作为治国诀窍在最关键的时刻说出来,实在是有原因的。现在社会上所流传的"习惯决定命运,细节决定成败",大概就是这个道理。

回来再看我们的男同学,初一时要我亲自多次到宿舍督查,卫生才能做到位。本学期的宿舍卫生,远不如邻近的一班和三班,几乎每张床下的地面都有垃圾,走道更不用说。窗台上的灰尘似乎还在叙说上学期的故事,劳动工具好像也不知道怎样摆,甚至垃圾篓也失踪了。每天中午、晚上回寝室后聊聊天、疯闹一阵后就睡觉了,根本就不把该完成的卫生工作放在心上。正是这种懒散不严谨的思想作祟,所以它在潜意识里影响了你,总认为应付一下就好。表面好像努力了,而在潜意识深处,懒散思想却会让你觉得"我已经很不错了,够了,也许别人还没有我做得好呢"!以致情况越来越糟。我们可以看看班级的现状,当初的男生公费生,如今全部掉到了班级10名以外,而尾巴上,男生的比例却大为增加。可以这样说,如果不改变这种坏习惯,后果将会更严重。

我们在学校学习生活,每天经历的其实都是一些小事。之所以制定一系列规章制度,就是在培养我们的习惯。而时至今天,你如果还没养成好习惯,还在扣分;连卫生都做不好,还要班主任亲自过问;连自习课上都不能管住自己的嘴,还要班干部督促;连作业都不能完成,还要课代表催促;连过关任务都不能完成,要班主任发短信……那我就要说,你做得真的很不好。要想有好的命运,那你真的必须改变你的坏习惯了。

同学们,初二是我们初中学生学业结业决战的前夜,我们不应放松自己,不管以前怎样,我们要以身边同学为榜样,打造属于自己的辉煌。

正是由于我及时地写文宣读,及时警醒,班级才刹住了向不良状况发展的势头,并走上了积极向上的道路。

初二上学期期末考试前,为了进一步激励全体同学,我又写了《奇迹就是自己!我们就是传奇——致202班全体同学》一文:

当日子如烟似雾般逝去,脑海中能够存留下来的最能打动自己的镜头,往往是自己努力奋斗的剪影,这些剪影作为自己成长历程中心灵的慰藉,让自己的人生充实而且铺就了一条精彩的旅途。当走过一段旅程,回过头来,会发现,正是当初的汗水化作了钻石般在反射光芒,登上了巅峰的自己才如此辉煌。

202班的全体同学,也许你们还记得刚刚踏入东华初中校门军训时那火辣辣的太阳,在新的环境中我们每个人力争做最好的自己,没有一个孬种;在广播体操比赛前,我们刻苦训练,终于夺得一等奖;在第一次期中测试前,我们刻苦奋发,获得了4科第一,总分第二的成绩……

回首走过的路,发现洒下了汗水的地方,往往就会开出绚丽的鲜花;只要心中有梦,奋斗之后总会收获硕果。我们怀揣梦想踏入东华,实现梦想的过程必须勤奋踏实。没有"为伊消得人憔悴"的付出,何来"蓦然回首,那人却在灯火阑珊处"的惊喜?

加油吧！同学们，我们要创造东华的奇迹，成就自己的传奇！也许明年的中考榜单上，700分以上名单里就有你；4年后，"北大清华，我一生的荣耀"宣传栏里，就会有你的照片！相信那时候，你一定会说，我所有的付出都有特别的意义！

让我们记住：奇迹就是自己，我们就是传奇！

进入初三后，我又及时写了《让我们朝着目标不懈追求》一文：

林肯凭着百折不挠的毅力，终于成功当选为美国总统，并为美国的发展做出了不可磨灭的贡献；司马迁忍受了被处以宫刑的耻辱，终于完成了《史记》，为中国的文学和历史添上了光辉的一笔；邓稼先承受了遭受辐射的危险，终于研制成功了震惊中外的两弹，使中国的国际地位大为提高……而我们302班经过两年多的奋斗，已经取得了不小的进步，我们将最终站在东华的最巅峰而成为东华的传奇。

两年多的发展证明：我们302班的学习基础也许不是最好的，我们当初的习惯也许比较差，我们曾对初中生活也许不太适应……但我们也曾用成绩证明过我们是最努力的，曾用成绩证明了我们是进步最快的，用行动证明了我们的规范是进步最大的，用友情证明了我们对初中生活是很热爱的……

变化有目共睹，成绩众所周知。我们之所以不断前进，不断取得新成绩，是因为我们有着共同的目标：今天我们以东华为荣，明天东华以我们为荣。而现在，我们却徘徊不前了，是什么原因阻碍了我们前进的步伐？

为着共同的目标，我们曾焕发出了动力和活力：对集体活动，我们热情满怀；对集体荣誉，我们视若生命；对学习知识，我们全力以赴……在集体滚滚向前的洪流中，我们冲锋着。但我们也发现，个别同学却正在阻碍着集体前进的步伐，他拖住了我们这列向前的列车，虽无法使列车停下，却也使得列车速度有所减慢。

如今，当初的个别人似乎变成了部分人：他们在临考前还在上网、玩游戏，有机会就聊天，甚至看违禁书籍……当初的理想似乎已在脑海之外，曾经的热血如今好像不再为理想而沸腾，"初二现象"竟还如此明显地在我们这部分人身上显现；与此相反，我们的中坚力量仍然在奋发，以致在年级前五十名中，我们班就占了五位，他们是真正的强者。但是，他们却不能补回部分人造成的损失，以致我们班整体低迷着。

因此，我们要提醒这部分同学：要么利用假期补上自己落下的内容，加快步伐跟上集体，要么被集体和时代淘汰——成为永远的落伍者。对于前一种人，我们非常欢迎，而且愿意为之付出我们共同的心血和汗水；对于后一种人,我们谁都不愿意看到他这样,因为这对谁都没有好处。

两年多的奋斗,我们曾看到了胜利的曙光,已经初步尝到了成功的滋味。但我们毕竟没有完成赛程,前面的路更远,"行百里者半九十",何况我们才走了一半多的路程呢?

所以,我们要做的就是静下心来,在初三这个最重要的学段,朝着目标不懈奋斗。

"天将降大任于斯人也,必先苦其心志,劳其筋骨,饿其体肤,空乏其身,行拂乱其所为,所以动心忍性,增益其所不能。"只有经历磨炼,才能成就我们的一番伟业。

因此,同学们,让我们继续努力吧!相信奇迹一定会在我们身上发生,辉煌一定属于我们!

正是由于我在每个关键时期及时写作相关文章,激励同学们,一方面及时纠正了班级存在的不足情况,另一方面又激发了同学们的写作兴趣和上进心,才使班级得以不断进步。

最终,我班中考均分达到了当年东莞中学的录取分数线,连续五学期德育考核年级第一。进入高中后,我班学生几乎包揽了东华高中文学社的所有工作,在东莞中学文学社的编发工作中也起到了重要作用。许多同学纷纷承担了各个社团的工作,马××同学还当选为东华高中的学生会主席。但愿和我一起走过学习生活的同学,将来都能有更大的发展!

实践之七　诗化情谊
——写诗赞美学生激发学习的兴趣

特早的柑橘上市了,新的学年开始了。到东华初中工作转眼过去了三年,我圆满地带完了一届毕业生。我因脑梗塞提出了暂时不担任班主任的要求,领导信任我,给我安排了两个初三年级的语文成绩排名靠后的班级。

开学时,蔡级长安排我巡视各班情况,我来到344班教室门口,几名学生纷纷和我打招呼,一位女同学问我:"您是我们的新老师吗?"我笑着说:"你猜呢?"有几位同学附和着说:"我们希望是的。"我说:"我很荣幸能当你们的老师。"他们都很高兴。

正式上课了,第一节课我向他们介绍了自己,提了一下初三语文的学习要求,告诉他们语文是很容易学好的一门学科,以增强他们的信心。接着请原课代表站起来认识了一下,接着我讲解了我的语文学科管理思路,我需要五名课代表管理五个大组进行竞赛,两个总课代表轮流负责管理整体竞赛情况,因此需要增加几名课代表,我请他们自告奋勇报名,但他们都不够主动,只好由同学们及原课代表推荐了几位。下课后,我给他们开了个小会,讲明了各自的工作要求。

课代表工作也是经历了一些波折,但总算正常,几次测试,两个班的成绩也在进步,但总感觉缺乏一个真正的激发点,来点燃课代表的工作热情,从而带动全班同学的学习热情。

转眼到了下学期,我受麦春锦老师给学生送书的启发,决定给我的课代表每人送一本龙应台写的《目送》。

正好有一位曾经的学生因看到以前她毕业时我给她的留言,想到了我,因此在QQ上请我帮她为她们家族的新一辈的第一个宝宝"尤逸菲"作一首庆祝她满月的藏头诗,我写给了她:"小巧亦乖怜,尤笑惹人爱。逸情如天使,菲啼胜天籁。满堂盈喜气,月桂映户香。快意藏不住,乐在脸上放。"

又恰逢岳父六十大寿,我也为他老人家作了一首藏头诗:"恭敬谢天存福祉,祝福如海久绵长。岳山之高与寿齐,父尊在上永康健。花开富贵入我家,甲子之年胜而立。大吉大利在今朝,喜庆华诞皆如意。"

不久,我在当当网买的书到了。我想何不给每位课代表在书上题一首藏头诗,以激励他们呢?我当着全班同学感谢课代表们为班级语文学习付出的心血,因此我给他们每人奖励一本书。如果课代表愿意,可以将书写上姓名后先放到我那里,我写完藏头诗后再给你。

当场就有338班的陆××和萧××同学将书交到了我手里。我当天就给他们写好了藏头诗:"芳菲大地是前程,陆水草木亦繁盛。妍妍如我能几许,潼云携龙任我行。"和"秀外慧中存昆仑,萧萧落木前头春。洁身自好有正气,莹光玉彩映乾坤。"并当众把书再次交给了他们,同学们当即纷纷传看。

不久,两个班所有的课代表都将书交了上来,我一一为他们作诗。为338班其他几位课代表所作的藏头诗分别是:"帅气有才胸开阔,张扬看我叱风云。健于促学显高节,钧衡有术镇乾坤。""乐观豁达爱上进,苏家显赫有传人。炜然生辉耀古今,康健由我任驰骋。""诚以待人成家风,刘氏代代有名人。俊杰才子我就是,勇搏学海榜题名。""活跃有担当,廖家有传人。永存凌云志,钊励上进心。""巾短情长英雄志,幗国风采有人识。陈自舜帝源流远,芸台才学胜名士。""慧眼识金玉,卢女初长成。敏而勤上进,丹心照汗青。"

为344班课代表所作的藏头诗分别是:"丽姿兰心春带雨,袁自舜帝有遗辉。惠及同窗皆上进,仪态有方尤可贵。""雅量有气质,王者风度傲。欣然承重担,仪度威信高。""静以修身养浩气,李桃今日亦绽放。旖旎从风多娇姿,晴空万里任翱翔。""敏而通达勤向上,朱子后人有遗风。浩荡东风犹助力,然浪前行势恢弘。""实心处事人敬服,黄家渊源亦深沉。建功立业在今朝,朝前步步定成名。""聪睿富余力,刘氏有人杰。剑出英雄气,锋芒盖莞邑。""忠心尽力与人处,善思熟虑待学业。蔡家代有才人出,润泽万物朝天阙。""活力四射朝气盛,陈情常显思迅捷。正是风华年茂时,曦日东升建功业。"

我告诉同学们:每首诗的第一个字加起来就是诗的题目,姓名是三个字的同学,我就用第一个字概括了这位同学的特点;姓名是两个字的同学,我就用前两个字概括了这位同学的特点。一时之间,班级诗风盛行,可以看得出来,课代表有发自内心的得意,其他同学也羡慕不已。

终于有同学找到我,想请我也给她写一首藏头诗,她是338班的邹××同学。我知道她是很负责的同学,于是顺便请她也担任语文课代表,协助收作业,她爽快地答应了,此后338班的语文作业交得更快,写得更好了。我在她的书上写的是:"勤于思考敏于行,邹家有女文采盛。思虑常在学业上,敏捷皆因常发奋。"

338班的学霸范××在我的QQ空间留言:"老师,你也帮我写一个。我拿书去给你签名。"我对她说,如果你语文考到120分,我送一本书给你并给你写上藏头诗。结果二模她真考到了120分。我给她写的藏头诗是:"勤外慧中显仪度,范氏显赫春秋中。双关前程岂惜力,荣归之日皆动容。"

此后,在课代表的引领下,两个班的语文学习劲头更足了。

中考成绩出来了:338班的语文成绩本来是该班各科中最差的,中考语文成绩却成了龙头。344班以前各科一直是年级平行班的前几名,但语文却是牵制其总成绩的学科,中考时其语文成绩一下进步了到了平行班的中等以上,所以其总成绩成了平行班第二名。

看来,我用为同学们写藏头诗的形式,诗化了我们师生间的情谊,激发了同学们学习语文的兴趣,牵动了同学们学习语文的劲头。所以才会让同学们更加积极地学习语文,从而使得其语文成绩得到了较大提高。

实践之八　激励竞争
——采用竞争的形式调动学生的积极性

母亲走了,我感受到了真正的心痛。今年开学前奔丧回校后,才知道学校又把我从初二安排到初三了。我总是无法从丧母的哀伤中走出来,但又不得不面对新一届毕业任务的重压。外面阳光明媚,但我心中依旧沉重。

沈校长、周副校长、严主任、李副主任等领导都已慰问过我,增添了我的动力。

在课堂上我强颜欢笑,学生可能都不知道也无法理解我内心的苦痛。

我重新组建了课代表班子,每个班都有总课代表一人、负责作业与过关的副总课代表各一人、各大组配课代表一名。这两个班情况正好相反:322班语文是各科里面最差的,排年级倒数第一,46名;325班语文是各科里面最好的,排年级26名。

两个班的语文学习习惯不好,322班的状况更糟糕一些。几次周测,感觉325班比322班要强。但月练成绩出来后,真正地出乎我的意料,322班竟然比325班考得好。两年来一直稳居年级尾巴的322班,竟然摆脱了4字头,考到了39名;而作为325班的优势学科,竟然掉到了41名。

我简单地分析了一下两个班的小题得分以及个人得分,322班胜在初三以后学习的议论文答得较好,其中两个选择题得分竟然是年级第九名,为除去8个公办班之外的民办班第一名。看来进入初三后我所讲的议论文他们掌握较好。而对于背诵内容,他们则掌握得很差。至于个人,他们没有特低分,最低的也在八十分以上;325班的优势是作文,排年级第十四名,其他情况都不好,尤其是背诵内容,第一题古诗文默写竟然有得零分和0.5分的同学,默写4分以下的就达到了7人,把班级均分拉下来1分多。课内文言文实词理解和句子翻译也考得极差。对于个人,袁××只考了六十多分,谢××和钟××只考了七十多分,三个人就将班级均分拉下了近两分,所以班级排到了年级尾巴上。

其实,这几个同学,我一直让课代表督促他们,也和家长进行了沟通,但谢××同学的家长是属于没办法的,袁××同学属于离异家庭,爸爸管不了,妈妈更是不管不问,钟××同学这两周被"流放"到公办班当旁听生去了。

我和课代表进行了交流,以后对他们要抓紧进一步督促。

第二周周四晚读时间,我兑现了前进五名以上就吃比萨的诺言,让322班学生吃到了比萨。

我继续"不抛弃不放弃"地抓他们的基础和学习习惯,同时注意和同学们搞好关系,但发现以前的方法都不怎么见效。

两个班级的期中成绩再次出乎我的意料,322班仍然超过了325班,且325班竟然又退步了。我感觉带这一届两个班比以前都要尽力,却不怎么见效!我经过反思,又拿出魏书生的《班主任工作漫谈》研读,觉得一定要想办法调动他们的积极性。因为我现在再认真,再辛苦,学生若觉得无所谓,还是起不到效果的。

所以,我在班级进行了期中考试小结,表彰了进步大的个人和小组。并说要对这些同学进行表彰,而且用商量的语气引导全班同学制定了期末目标。这两个班的学生最感兴趣的就是不做作业,因此,我们商量全班达到了目标就免掉全体同学的寒假作业。如果全班没达到,则竞争取胜(比均分进步幅度)的小组免作业,同时实行平时作业及过关竞赛,如果小组竞赛胜利,即使期末考试竞赛落后,也可免作业。另外,同桌也比期末考试的进步幅度,胜者免作业。

期中考试后第二周周二,我给进步大的小组和个人买了比萨。

我发现,经过每次公布学生小组作业竞赛情况,并尽量降低给作业评优的标准,学生的作业一次比一次做得好!看来,我终于找到了调动学生的方法,调动学生已经起到了初步效果,我感到很高兴。

其实,真正的调动来自对学生正面的肯定,通过开展小组竞争,激发了学生的好胜心,加上我降低评优的标准,作业得优等的学生越来越多,我趁机大力表扬他们,说他们越来越优秀,特别是几个从来没有得过优等的同学,他们得到优后非常兴奋,而且慢慢地做得越来越好。

唐纳德·克雷斯说过:"真正的问题不在于你比过去做得更好,而在于你比竞争者做得更好。"现在,两个班的孩子不仅觉得比过去做得更好了,还经常和竞争组比。相信通过这种激励竞争的方式,他们会变得越来越优秀!相信他们在期末考试、期中考试中能续写东华的辉煌!

实践之九　临危受命
——用威信、规范和情感转变后进班级

2014年9月开学之初,我担任了322、325班的语文老师,兼任322班的落班老师。作为落班老师,我到班较勤,而且每节班会课我都能到班听课。

我亲眼见到了林老师作为班主任的艰难处境(班会课时她在上面讲,下面叫声一片),见到了该班同学邋遢慵懒、不思进取的班风,我感受到了该班问题的严重性。特别是该班的周测试卷常常是大规模的不交,更不用说日常作业了;教室里垃圾遍地,讲台上、课桌上、地上常常都满是试卷书本和饮料盒卫生纸等;迟到成风(杜老师说她周二的早晚读基本是白费的:学生按时到位人数很少);晚修总有人在走动或讲话……每周返校后的周练,都会有大批学生不交试卷。十二月的一次周练,语文的内容是写作文,结果322班有19人没交,而交上来的大部分都是应付,情况很糟糕,其他学科的情况也很不乐观。

由于林老师的孩子尚幼,家庭及班主任工作难于兼顾,辞去了班主任工作。基于领导的信任与嘱托,我临危受命,从2015年元旦开始接任322班班主任。我决定先立规范,整体改善,重点突破。

一、先立规范

元旦假期返校后已是元月4日,下午准备开展班干竞选及讨论班规班纪的班会课,由于学校统一进行入团宣誓及教育大会,我根据散会时间为16:45,特将班会课定为17:50,要求同学们必须按时到教室。结果到了18:00还有十多个人不慌不忙地过来,我让他们暂时站着听一会儿再坐下来。

结果钟××同学靠着墙壁,两手插在裤兜里,偏着头横着眼睛看着我,两条腿抖啊抖的,一幅吊儿郎当的样子。我请他往前走一步,别靠墙,把两手拿出来,别抖腿。全班都在看着,我也冷冷地看着他,一言不发地等着他的行动。他懒洋洋地按我的要求做了,全班还在看着。我走上讲台,准备播放课件,一回头,发现钟××又成了老样子。我知道全班在看着,必须用行动树立威信了,否则我会重蹈覆辙。

我拿起三角板在讲台上用力一拍,厉声道:"钟××,你再靠一下,再抖一下?"同时神色严厉地盯着他,一步一步缓缓地走到他面前。他又抖了,不过是害怕地在发抖,脸色通红,恐惧不已。

全班变得异常听话,我顺利地进行了班委常委竞选,并讨论修订了班规,班级开始按照新班规运作。

二、整体改善

1. 建立管理体系:虽然322班在初中阶段只剩下不到六个月了,但我在班级里还是建立了纵向管理与横向竞争相结合的立体式管理模式。我根据大半个学期的观察和与同学们沟通得到的信息,将竞选后的班委常委进行了分工,并制定了班委常委管理职责、班规配套制作了量化考核表、小组及宿舍竞争表。

2. 进行激励教育:我抓住每次班会教育的时机,对学生进行正面激励。比如,第一次班会,我确定的主题是《我们为美好的明天加油》,其中包括这样4个议程:①用汗水和智慧铸造成功(讲述了"时不我待,只争朝夕"的故事);②一群好的带头人,让322班从此有了方向(进行了"新班委常委竞选");③一份规范意识,让322班从此不再不平凡(讨论了322班班规);④一种向上的劲头,让322班从此青云直上(朗读了《我们都不是神的孩子》,让他们明白"成功原来是这样的");最后以"我们是相亲相爱的322班!我们会让大家共同见证我们的奇迹!"结束班会。之后的每次班会我都是按照这个模式坚持进行正面激励,每次大考后我都进行表彰激励。

3. 狠抓常规管理:我到班较勤,对迟到、违纪、作业、卫生状况督促班干及值日组按班规落实并记载,每周都量化登记并公布,每次评比都严格按照量化考核内容进行,在学生中逐步建立起了规范意识。体育锻炼时,我都坚持跟班跑步,把掉在后面想偷懒的学生往前面赶。在我持之以恒的坚持下,班风有了好转:学生上课迟到现象少多了、教室相对整洁多了、未就餐现象也有所好转,特别是自习时能保持安静、不交作业的人也少多了……

4. 坚持以情动人:在用规范严格要求同学们的同时,尽量让学生感受到老师对他们的关爱。除了在班会课上进行情感教育,我还自掏腰包对他们进行物质奖励,比如给他们发冬枣,奖励他们吃比萨,春节后还从老家给他们每人都带家乡特产等,这些措施都融洽了师生关系。比如,上学期年级组织各班创办了"我们来点赞"的宣传栏,322班各组的点赞卡都充分肯定了我们的付出,他们充分感受到了老师的关爱,这使他们与老师的关系走得更近,从而更易接受老师的教导。中考前的一个月,我天天坚持到最后,每天给他们讲一个我亲身经历的或是励志故事,然后引出相关的道理,他们都特别爱听,而且晚修特别安静,等我走进教室,就会迫不及待地催我"讲故事",因此最后阶段他们的心态都被调整得很好,为中考最后一仗打下了基础。

三、重点突破

在新规范形成前,学生总是想保持以前的惰性,他们总是用各种方式来试探挑战新的管理者。除了前面提到的钟××,后来在班会后的第二天,政治晚读时,有个叫莫××的同学坐在位置上一动不动,桌上乱七八糟地摆着一些东西,没有任何与政治有关的东西。我提醒了三遍,要他把政治资料拿出来读,他却完全没听到一样,仍然一动不动。我一把把他提了起来,一脚踢掉他的凳子,叫他到办公室好好反省。班级里的学习氛围一下子好转了。

我和莫××同学进行了沟通,将他在我第一次监考周测时就睡觉的现象与这次的问题相结合,让他明白了要读书,就必须认认真真去做,否则与其在这里浪费时间及家长的金钱,还不如回家去玩的道理。

"两只出头鸟"被惩治以后,我的威信树立起来了,班级里初步建立了秩序。

在此基础上,我坚持以情动人,争取从思想上调动学生,促发学生的上进心,从而促进学生的发展。这方面的突出代表是樊××同学。

樊同学聪明,但坏习惯较多,我曾多次教育他收效都不明显。在期末体育测试足球绕杆时,在同学们面前吹牛说要踢出六秒的好成绩的樊同学由于急于求成,结果两次失误,得分为零。他的情绪极不稳定,跑去给爸爸打电话说要回家,说足球不踢出六秒的成绩不回来。

我找到他,告诉他,同学们没有一个因为他没踢好而嘲笑他,反而都在担心他,老师也是在为他担心,希望他能体会到全班师生对他的关爱,更希望他能体谅父母的辛苦,他慢慢平复了。后来,他又因为父亲给他送东西没及时送到而生气了。我又找到他,告诉他说,对我们碰到的很多不是很熟的人,他们无心的冒犯我们往往都会原谅,而作为生我们养我们的父母,他们该是包容了我们多少缺点和错误啊,难道就不能原谅父亲的一次失误?他的心结解开了,脸上露出了笑容。

正是因为老师的真心关爱和帮助,樊同学得到了向上的动力,他在物理竞赛中获得了全国三等奖,在二模中考进了年级前50名。班级也多了一个学习上的带头者。

当然,322班整体上有了不小的进步,如上课和晚修纪律较好,在我班代了一周化学课的张老师表扬说,比公办班的感觉还要好(当然这有些夸张);迟到问题基本解决,周二下午的政治早、晚读得到了保障。特别是中考成绩出来后,322班很多同学考出了初三以来甚至是上初中以来的最好成绩,班级均分由我接手时的倒数第一(离倒数第二名还差4分多),到中考时超过了3个班,均分超过倒数第一名的班级7分多,进步达到了12分多。

当然322班还有不少问题。比如,我如果不亲自督查,晚自修纪律就会变差;部分学生总爱乱丢垃圾,而有的卫生组打扫教室卫生根本不主动,清洁委员也会忘记督查,导致教室里的卫生常常有问题;在男生宿舍方面,即使我费了很大的劲,但依然存在很多问题;学生作业还是有人不交……这些情况不得不引起我的反思。

首先是值得以后工作借鉴的方面:

1. 建立威信是使班级管理得以顺利进行的前提。当初如果我不能严厉地处理好钟××和莫××同学的问题,后面我说话可能就会有人不听,要想进行正常管理都难,更不用说建立规范了。

2. 树立规范是使班级管理得以顺利进行的基础。正是由于我提前将322班班规打印张贴出来,请同学们看后,在班会课上提出修改意见,使同学们弄清了班级管理要求,同时又在班会课上按照大家的意见进行了修改,得到了大家的认可,所以班级管理才做到了有章可循,按照班规进行的管理才能顺利进行,按照量化考核结果评优评先也令大家心服口服。

3. 情感教育是使班级管理得以顺利进行的保障。不管是322班还是我仅担任科任教师的325班,都是众所周知的年级刺头班,但由于我用真心对待他们,他们也愿意找我谈真心话,请我帮忙。我在进行管理的时候,他们也就愿意配合。

其次是值得以后工作继续探讨和改进的方面:

1. 任何真正的教育都不可能是一蹴而就的,但我们要寻求教育的最佳途径。322班的问题从没完全消失过,我心里虽然想把这个班彻底扭转过来,但我也不得不面对主观的现实,尽量做到使这个班一步一步地往前走。在此过程中,我一直在探寻着最佳办法,但我在这个过程中的感悟是:没有最好,只有更好!因为教学相长,在这个过程中,我们会不断提高思想意识和认识水平,特别是学习相关的书籍和文章后,你会发觉到自己的办法可以更完善。

2. 既要在短时间内扭转学生的状况,又要为学生的长期发展奠定基础,是一个值得我们深思的课题。用严刑峻法可以使班级班风得到较快扭转,但如何使良好的班风保持下去,就要涉及班主任的整体管理思路。我们要明白,班级管理是一个较为特殊的领域,因为我们面对的主要是一群未成年人,我们既要做到有章可循,把班级管理纳入法制的轨道,这样班干部管理班级时才能依规范行事,有所作为;又要结合人治进行管理,因为他们的是非观还没完全形成,我们动之以情,才能从根本上调动学生,促进班级良好班风的形成,促进班级走向灿烂辉煌。

总之,班级的管理是一项艺术,需要我们充分体会感悟,才能真正领略其中的魅力。愿我们每个人都能够感受到教育的魅力,享受到教育的乐趣,使自己无愧于今生。

后 记

收到河南大学出版社聂编辑的同意出版通知,我的心情激动不已!

首先,本书的写作是颇经历了一番周折。作为从内地公办学校到沿海民办学校的教师,我在各方面都经历了嬗变。我不聪明,做事效率低,在工作中稍有成绩,只不过是因为我"把别人喝咖啡的时间都用在工作上罢了"。写作本书我耗费了大量的时间,断断续续历时好几年。其间,又到另一所学校任教,各方面工作从头做起,写到一半的书稿也不翼而飞,只好另起炉灶。最终成书之时,我却没有丝毫欣喜之感,因为我对此书能否出版毫无头绪。

其次,本书的出版过程也是历尽坎坷,真是好事多磨。沈校长得知我写了一本书,在全校教师大会上进行了表扬,并激励我想办法出版。然而,我"病急乱投医"似地多次投稿,却毫无收获。后来,已经出版过多本书的李百平老师找到我,主动帮我联系了河南大学出版社的聂编辑。接到聂编辑的电话之时,我才有了些许的欣慰之感。在聂编辑的指导下,我又对此书进行了多次修改、补充。

最后,我想表达一下真诚的谢意。这是我正式出版的第一本书,我相信后面还会有第二本、第三本……但这第一本书的出版,才是我不断写作的动力。所以,我要感谢生活,岁月是我最大的财富,经历过的风风雨雨是我用之不竭的素材;我要感谢生活中遇到的人和事,他们教会了我处事的态度,让我学会了感恩,使我能沉浸在幸福中前行;我要感谢在本书写作和出版过程中帮助过我的人,他们让我进一步感受到了生活的美好,让我有一种豪情满怀的感觉,至今一直充盈心间……

愿各位有缘人幸福!

愿我们的教育事业长青!